C.H.BECK WISSEN

Am 24. Februar 2022 griff Russland die gesamte Ukraine an, gegen die es schon seit 2014 Krieg führte. Zunächst erfolgten Luftschläge, dann bewegten sich Panzerkolonnen auf Kiew und andere ukrainische Städte zu. Millionen Menschen flohen, viele wurden verwundet oder getötet. Wie konnte es dazu kommen? Warum entschloss sich Putin zu diesem Schritt? Gwendolyn Sasse seziert die Faktoren, die zu dieser verhängnisvollen Entscheidung führten und zeigt, wie sehr die eigenständige Entwicklung der Ukraine das russische Machtsystem bedrohte. Dabei räumt sie mit zahlreichen Fehlwahrnehmungen auf, die gerade auch in Deutschland das Bild der Ukraine lange verzerrt haben. So entsteht eine erhellende historische und politische Einordnung des russischen Überfalls, der die westlichen Staaten und die internationale Ordnung vor enorme Herausforderungen stellt.

Gwendolyn Sasse ist Direktorin des Zentrums für Osteuropa- und internationale Studien (ZOiS) und Einstein-Professorin für Vergleichende Demokratie- und Autoritarismusforschung an der Humboldt-Universität zu Berlin.

Gwendolyn Sasse

DER KRIEG GEGEN DIE UKRAINE

Hintergründe, Ereignisse, Folgen

C.H.Beck

Für meine Freund:innen und Kolleg:innen
in und aus der Ukraine.

Und für Nora, der ich von Herzen
ein friedliches Leben wünsche.

Mit 4 Karten © Peter Palm, Berlin

Originalausgabe

www.chbeck.de
Satz: C.H.Beck.Media.Solutions, Nördlingen
Druck und Bindung: Druckerei C.H.Beck, Nördlingen
Reihengestaltung Umschlag: Uwe Göbel (Original 1995, mit Logo),
Marion Blomeyer (Überarbeitung 2018)
Umschlagabbildung: Ukrainischer Soldat in Kiew, 2022

Printed in Germany
ISBN 978 3406 79305 9

myclimate

klimaneutral produziert
www.chbeck.de/nachhaltig

Inhalt

Vorwort

Dieses Buch entsteht inmitten des Krieges; seine letzten Zeilen werden fünf Monate nach Kriegsbeginn verfasst. Zu diesem Zeitpunkt konzentriert sich das Kriegsgeschehen auf die Region Donbas im Osten der Ukraine, wo russische Truppen unter Artilleriedauerbeschuss die Städte Sewerodonezk und Lyssyschansk und damit fast das ganze Luhansker Gebiet eingenommen haben. In den nächsten Wochen könnten sie mit ukrainischen Gegenoffensiven etwas weiter westlich sowie in der Region Cherson konfrontiert werden. Weiterhin finden Luftangriffe auf Waffen- und Munitionslager und auf Städte mit ihrer zivilen Infrastruktur in der ganzen Ukraine statt und immer neue Kriegsverbrechen werden dokumentiert. In Deutschland und in anderen EU- und NATO-Staaten halten die Debatten über die Wirksamkeit und Nachhaltigkeit westlicher Sanktionen, über die Frage nach einem umfassenderen Energieembargo bzw. die Kosten russischer Gaslieferstopps sowie über den Umfang und das Tempo westlicher Waffenlieferungen an. Das Szenario eines lang andauernden Krieges, in dem die Ukraine keine Grundlage für Verhandlungen und Russland kein Interesse an Verhandlungen hat, zeichnet sich ab. Der Krieg hat darüber hinaus globale Auswirkungen, deren Dimensionen wir gerade erst zu erahnen beginnen.

Das Ausmaß an Zerstörung und die Kriegsverbrechen der russischen Truppen sowie das Angebot Russlands an alle Ukrainer und Ukrainerinnen, die russische Staatsbürgerschaft annehmen zu können, lassen keinen Zweifel daran, worum es Russland unter Präsident Wladimir Putin geht: um die Vernichtung des unabhängigen ukrainischen Staats und der ukrainischen Nation. Es ist somit auch ein Krieg gegen Ideen wie Souveränität, territoriale Integrität, Demokratie und ein friedliches Zusammenleben in Europa. Dieses kleine Buch ist ein Versuch aufzuholen, zu ordnen, zu erklären. Es ist ein Versuch, gegen die tägliche Atemlosigkeit des Kriegs anzuschreiben. Eine Stütze hierbei war für mich die internationale sozialwissenschaftliche Forschung zur Ukraine, zu Russland und zum Krieg seit 2014. Die Ukraine-Forschung war in den Sozialwissenschaften und im öffentlichen Diskurs strukturell bedingt nicht präsent genug. Sie erweist sich als essentiell für das Verständnis der gegenwärtigen Ereignisse. Für die noch ungewisse Zukunft ist zumindest die Gewissheit über diesen Krieg in Form von Dokumentation und Kontextualisierung eine unabdingbare Voraussetzung. Vielleicht kann dieses Buch einen Beitrag dazu leisten.

Wie lässt sich dieser Krieg erklären? Warum und wogegen führt Russland diesen Krieg – und warum jetzt? Und wie erklärt sich die Kraft des militärischen und zivilen Widerstands der Ukraine, von dem nicht nur Wladimir Putin und die russischen Streitkräfte überrascht wurden, sondern auch viele westliche Beobachter und Beobachterinnen? Es sind große Fragen für ein so kleines Buch. Es blickt zurück und zeichnet die wichtigsten Entwicklungen nach, die den Großangriff durch Russland immer wahrscheinlicher machten. Das Buch beginnt also bewusst nicht mit Putins Befehl zum Angriff auf die gesamte Ukraine am 24. Februar 2022 und einer Chronologie des Krieges. Stattdessen steigt es mit der Unabhängigkeit der Ukraine und den Herausforderungen ein, denen sich der ukrainische Staat seit 1991 stellen musste – in Bezug auf seine territoriale Integrität, seine Transformation und seine innen- und außenpolitische Orientierung. Der facettenreiche Begriff der Identität zieht sich wie ein roter Faden durch dieses Buch: von der ukrainischen Nation und staatlicher Unabhängigkeit über die Rolle ethnischer, sprachlicher und regionaler Identitäten bis zu der sie überlagernden, auf den ukrainischen Staat fokussierten Identität und die politische Entscheidung für eine Demokratie und Integration in westliche Institutionen. Es sind genau diese Entwicklungen, auf die der Autoritarismus unter Wladimir Putin mit dem Krieg gegen die Ukraine – von der Krim-Annexion über den Krieg im Donbas bis hin zur großangelegten Offensive – reagierte.

Dieses Buch legt den Akzent bewusst auf gesellschaftliche und politische Dynamiken, die in der Wissenschaft dokumentiert sind, aber im öffentlichen Bewusstsein Europas bis zum Krieg weitgehend unbekannt waren und auch in der jetzigen Kriegssituation noch häufig missverstanden werden. Eine zentrale Rolle spielt hierbei der Drang innerhalb der ukrainischen Gesellschaft nach Veränderung, der sich in wiederholten Protestzyklen entlud und zur Grundlage für den derzeitigen militärischen und zivilen Widerstand wurde. Die Tatsache, dass die Ukraine den meisten Menschen in Deutschland und Westeuropa bis zu diesem Krieg so fern erschien, hat viel mit einer undifferenzierten Sichtweise zu tun, die über dreißig Jahre nach 1991 die Sowjetunion gedanklich als Russland fortschreibt und dabei die anderen Sowjetrepubliken ausblendet. Der Imperialismus des russischen Zarenreichs und der Sowjetunion wirkt auch im westlichen Blick auf diese Region nach. Aus diesem Grund verzichtet dieses Buch bewusst auf das Adjektiv «post-sowjetisch», das die Ukraine und eine ganze Region auf die Erfahrungen und Hinterlassenschaften der Sowjetunion zu reduzieren droht.

Bei der Transkription ukrainischer und russischer Namen ist die Entscheidung der Lesbarkeit halber für die in deutschen Medien übliche Variante gefallen. Die Liste derer, die meinen Blick auf die Ukraine geschärft haben, ist zu lang, um sie hier ausführen zu können. Namentlich danken möchte ich zumindest denjenigen, mit denen ich seit Jahren am engsten in meiner Forschung zur Ukraine zusammenarbeite: Olga Onuch, Henry Hale und Volodymyr Kulyk und dem Team des Kiewer Internationalen Instituts für Soziologie (KIIS). Wichtige Denkanstöße, die sich in diesem Buch wiederfinden, verdanke ich Roman Szporluk, Mark Beissinger, Serhii Plokhy, Graeme Robertson und Sam Greene. Dankbar bin ich auch für die Forschungsassistenz durch Alice Lackner bei meinen Ukraine-Projekten am ZOiS. Ich bedanke mich beim Verlag C.H.Beck, insbesondere bei Sebastian Ullrich. Jim und Nora gebührt besonderer Dank für die Kraft, die sie mir seit dem 24. Februar in dieser beschleunigten und unfassbar traurigen Zeit gegeben haben.

Lasst uns mit dem Schwersten
anfangen – mit dem Gesang
und dem Löschen des Feuers
das in der Nacht näher rückt.
Lasst uns mit dem Flüstern
der Namen anfangen
und zusammen den Wortschatz
des Todes flechten.

Serhij Zhadan

1. Warum dieser Krieg? Warum jetzt?

Es herrscht Krieg in Europa. Diese Realität schreibt sich mit dem großangelegten Angriff Russlands auf die Ukraine seit dem 24. Februar 2022 als Zäsur in das öffentliche Bewusstsein ein. In den fünf Monaten seit dem Großangriff haben bereits Zehntausende ihr Leben verloren – genaue Opferzahlen gibt es bisher nicht – und etwa 10 Millionen Menschen aus der Ukraine sind in Bewegung – etwa ein Viertel der ukrainischen Bevölkerung. Zwischen 5 und 7 Millionen halten sich zwischenzeitig oder mittelfristig in den westlichen Nachbarländern der Ukraine auf. Schätzungen zufolge flohen seit Ende Februar etwa eine Million Menschen nach Russland oder wurden dorthin deportiert.

Über dreißig Jahre sind seit dem Ende der Sowjetunion vergangen. Ihr Zerfall ist wesentlich weniger friedlich verlaufen, als man gemeinhin denkt. Im Vergleich zur gewaltsamen Desintegration Jugoslawiens wirkten die Kriege um Bergkarabach, Transnistrien, Abchasien und Südossetien aus westeuropäischer Perspektive klein, obwohl in ihnen insgesamt Zehntausende starben und Hunderttausende vertrieben wurden. Und letztlich steht Russlands Krieg gegen die Ukraine ebenfalls im direkten Zusammenhang mit dem Zusammenbruch der Sowjetunion, der lange vor dem offiziellen Ende 1991 begann und bis heute nachwirkt.

Russlands Krieg gegen die Ukraine beendet auch die Illusion des friedlichen Zusammenlebens in Europa nach dem Ende des Kalten Krieges. Diese Illusion wurde weder von den Kriegen im ehemaligen Jugoslawien in den frühen 1990ern noch von den Vorläufern der gegenwärtigen russischen Invasion erschüttert. Dabei begann Russlands Krieg gegen die Ukraine bereits 2014 mit der Annexion der Krim und dem von Moskau kontrollierten Krieg im Donbas, der zu etwa 14 000 Toten führte, etwa 1,5 Millionen Menschen zu Binnenflüchtlingen machte und etwa 1 Million Menschen nach Russland vertrieb. Seit dem Frühjahr 2021 stationierte Russland darüber hinaus weit über 100 000 Soldaten an der russisch-ukrainischen und belarusisch-ukrainischen Grenze.

Trotz allem kam der umfassende Angriff vom 24. Februar 2022, der mit Luftangriffen auf die Hauptstadt Kiew und Großstädte wie Charkiw begann und russische Panzerkolonnen von drei Seiten in die Ukraine vorrücken ließ, gefühlt überraschend. In Deutschland und in der EU waren viele von Drohgebärden und einem Kosten-Nutzen-Kalkül von Russlands Präsidenten Wladimir Putin ausgegangen, was einen Angriffskrieg dieser Art unwahrscheinlich erscheinen ließ. Die Bevölkerung in West- und Südeuropa war vor allem deshalb überrascht, weil die Ukraine auf ihrer mentalen Landkarte kaum vorkam. Die gefühlte und die geographische Distanz zur Ukraine klafften deutlich auseinander und haben sich erst durch die derzeitige Phase des Krieges einander angenähert. Und selbst die ukrainische Regierung hatte die Gefahr eines großangelegten Angriffs entweder selbst unterschätzt oder zumindest in der Öffentlichkeit mehrfach kleingeredet, um die Bevölkerung und die Wirtschaft nicht vorzeitig in Unruhe zu versetzen.

Der erste europaweite Schock über den Angriff vom 24. Februar 2022 wurde von einer zweiten weithin unerwarteten Erkenntnis abgelöst: der Stärke des militärischen und zivilen Widerstands der Ukraine gegen den Aggressor. Diverse westliche Verteidigungsministerien und Geheimdienste hatten angesichts des militärischen Ungleichgewichts einen kurzen Krieg zugunsten Russlands erwartet. Widerstand lässt sich vor dem Eintreten des Extremfalls nur schwer vorhersagen. Laut einer Meinungsumfrage des Kiewer Internationalen Instituts für Soziologie (KIIS) vom Dezember 2021 war für den Fall eines erneuten russischen Angriffs die Hälfte der Bevölkerung (ohne die Krim und die nicht von Kiew kontrollierten Gebieten des Donbas, in denen reguläre Umfragen nicht durchgeführt werden können) bereit, Widerstand zu leisten: 33 Prozent äußerten zu diesem Zeitpunkt ihre Bereitschaft zu bewaffnetem Widerstand, und 22 Prozent zu zivilem Widerstand (Mehrfachnennung möglich). Insgesamt war laut dieser Umfrage der Widerstandswille im Westen des Landes etwas stärker ausgeprägt als im Süden und Osten. Bis Anfang Februar 2022 hatte sich dieser Trend auf Landesebene weiter verstärkt: Fast 58 Prozent zeigten sich zu diesem Zeitpunkt zu Widerstand bereit, darunter 37 Prozent zu bewaffnetem und 25 Prozent zu zivilem Widerstand.

Seit den ersten Kriegstagen, in denen die unerwartete Stärke der Ukraine ersichtlich wurde, wird immer wieder betont, dass sich in diesem Moment vor unseren Augen die ukrainische Nation in ihrem Staat konstituiere. Die offensichtliche Einigkeit entspricht nicht dem weit verbreiteten Bild einer in Ost und West gespaltenen Ukraine, in der Sprache, Ethnizität und Region interne Trennlinien ausmachen. Das Ausmaß des derzeitigen Widerstands und des zivilgesellschaftlichen Engagements – humanitäre Hilfe, Unterstützung für die Armee und der Wiederaufbau von Infrastruktur – ist jedoch die Folge und nicht die Ursache einer längst bestehenden ukrainischen Identität, die sich bei aller internen Diversität an den ukrainischen Staat und das Verständnis, ukrainischer Staatsbürger oder Staatsbürgerin zu sein, knüpft. Es geht also auch darum, nicht nur die heutige Stärke des ukrainischen Staates und seiner Identität anzuerkennen, sondern ein vor dem 24. Februar 2022 weit verbreitetes lückenhaftes Bild der Ukraine zu korrigieren und die Gründe für diese selektive Wahrnehmung kritisch zu hinterfragen.

Der Krieg brach nicht plötzlich über die Ukraine und über Europa herein. Eine Herausforderung liegt darin, ihn im Rückblick in seinem Kontext zu begreifen, ihn dabei aber auch nicht als zwangsläufige Folge bestimmter Ereignisse und Entwicklungen darzustellen. Geschichte und Politik sind nie alternativlos, auch wenn sich im Nachhinein die Stimmen mehren, die den Krieg immer vorausgesagt haben wollen. Eine derartig pauschalisierende Reaktion auf den Krieg würde jedoch dem politischen Prozess mit seinen Schlüsselmomenten, Fehleinschätzungen und Entscheidungen nicht gerecht. Kriege haben eine Vorgeschichte. Es geht um Weichenstellungen, die unter bestimmten Voraussetzungen vorgenommen werden. Über einen längeren Zeitraum hinweg lassen sich allerdings Muster erkennen, die einen Krieg wahrscheinlicher machten – bis hin zur Rede Wladimir Putins am 21. Februar 2022, in der er seine Intentionen in aller Deutlichkeit benannte. Drei Tage später erfolgte der Angriff auf die gesamte Ukraine.

Die Schlüsselrolle von Wladimir Putin ist offensichtlich. Zugleich lässt sich der Krieg nicht auf seine Person verengen. Die Bezeichnung «Putins Krieg» greift zu kurz, auch wenn Putin diesen Krieg auslöste. Auch gibt es nicht nur eine einzige Kriegsursache. Vielmehr war es ein Geflecht von miteinander verbundenen Entwicklungen, die die notwendigen, aber nicht hinreichenden Bedingungen für den Krieg schufen:

- die Autokratisierung Russlands verbunden mit wachsenden neo-imperialen Machtansprüchen
- die Durchdringung der russischen Gesellschaft mit staatlicher Geschichtspolitik und Propaganda
- die Demokratisierung und Westorientierung der Ukraine
- die Stärkung einer staatszentrierten ukrainischen Identität
- die zunehmende Diskrepanz zwischen westlichen und russischen Sicherheitswahrnehmungen
- die wachsenden Widersprüche in der westlichen Russland-Politik
- die sukzessive Ausweitung des Krieges seit 2014.

Erst in ihrem Zusammenspiel ermöglichten diese Dynamiken Russlands Krieg gegen die Ukraine, und Putin als Katalysator ließ diese Möglichkeit zur Realität werden. Jede der aufgeführten Entwicklungen beschreibt eine Verknüpfung von strukturellen Faktoren und politischen bzw. gesellschaftlichen Akteuren. Es handelt sich somit nicht um eine Reduzierung auf strukturelle Hintergrundfaktoren. Die Liste umfasst je zwei auf Russland und die Ukraine bezogene Entwicklungen, zwei Trends in den Beziehungen zwischen Russland und dem Westen sowie eine dem Krieg selbst innewohnende Logik. Sie lässt sich kürzer fassen oder weiter untergliedern, erfasst aber meinem Verständnis nach in dieser Bandbreite die zentralen systemischen, ideellen, gesellschaftlichen und politischen Entwicklungen. Die Gewichtung mag unterschiedlich ausfallen. Meiner Ansicht nach spielen die erste und dritte Entwicklung in ihrer Wechselwirkung die zentrale Rolle – sowohl als Erklärung für die steigende Wahrscheinlichkeit des Krieges als auch für die sich entfaltende Kriegsdynamik. Die oben an zweiter und vierter Stelle angeordneten Entwicklungen beschreiben staatliche und gesellschaftliche Mechanismen, die die konträren innen- und außenpolitischen Modelle Russlands und der Ukraine stützen. Eine demokratische, in westliche Institutionen integrierte Ukraine stellt für das autoritäre Russland unter Präsident Wladimir Putin eine Gefahr dar. Zum einen unterläuft die Ukraine den regionalen – und indirekt auch den globalen – Machtanspruch Russlands, der eine wichtige Legitimationsgrundlage des autoritären Systems ist. Zum anderen könnte dieses Modell der Ukraine auch für die russische Gesellschaft oder die Eliten zu einem Kristallisationspunkt für Hoffnungen und Erwartungen werden, die das existierende russische Staatsmodell von innen in Frage stellen. Es geht im Kern um Russlands autoritären Systemerhalt samt seiner neo-imperialen Machtprojektion. Die Bereitschaft, für diesen Systemerhalt Krieg zu führen, unterstreicht das Ausmaß und die Dringlichkeit der Gefahr, die von der Ukraine für Russland ausging. Dies ist der Kontext, in dem Putin als Schlüsselakteur in einem jeweils als opportun wahrgenommenen Zeitfenster zuerst den Befehl zur Annexion der Krim, dann zum Krieg im Donbas und schließlich zum Frontalangriff auf die gesamte Ukraine gab.

Autokratisierung Russlands verbunden mit wachsenden neo-imperialen Machtansprüchen

Die Ernennung Putins zum Präsidenten der Russländischen Föderation im Mai 2000 war der Auftakt zu einem systematischen Aufbau eines autoritären Systems. Putins Vorgänger im Amt, Boris Jelzin, hatte nach dem Zusammenbruch der Sowjetunion, den er bewusst beschleunigt hatte, in Russland einen ambivalenten Kurs zwischen wirtschaftlicher Liberalisierung, Demokratisierung, Gewalt und Autoritarismus verfolgt. Seine Präsidentschaft verbindet sich insbesondere mit der Verfassung von 1993, die ein starkes präsidiales System mit Dekretvollmachten festschrieb, einem weitreichenden Einfluss wirtschaftlicher Eliten, die von der Privatisierung profitierten, und dem ersten Tschetschenienkrieg 1994–1996. Putins Amtsantritt war durch den noch brutaler geführten zweiten Tschetschenienkrieg als Antwort auf vermeintliche terroristische Attacken in Moskau unmittelbar von Gewalt geprägt. Über Repressionen und eine Umstrukturierung des Machtzentrums wurde der Einfluss der Oligarchen auf politische Entscheidungsprozesse zurückgedrängt. Das System stützte sich immer stärker auf den Sicherheitsapparat und die Armee. Die Zentralisierung und Personalisierung des Systems gingen einher mit einer immer umfassenderen Medienkontrolle, Repressionen gegen jegliche Form der politischen Opposition und einer zunehmenden Atomisierung der Gesellschaft. Das autoritäre System unter Wladimir Putin hat über die Jahre hinweg immer aktiver am Selbsterhalt gearbeitet. Es ist somit ein Beispiel dafür, dass Autoritarismus kein statisches System beschreibt, sondern eines, das Anpassungen vornimmt und dafür verschiedene Anreize, Druckmittel und die Delegation von Verantwortung einsetzt. Eine enge Verknüpfung von russischer Innen- und Außenpolitik gehört zu den Rückkopplungsmechanismen, die das politische System erhalten. Russische Außenpolitik ist immer auch russische Innenpolitik und dient somit der internen Legitimation. Und andersherum definiert die Innenpolitik den Spielraum der Außenpolitik und gibt ihr einen gesellschaftlichen Rückhalt. Unter Putin ist der

Neo-Imperialismus ein fester Bestandteil des Autoritarismus geworden. Zum systematischen Ausbau des autoritären Systems gehörte somit die explizite Formulierung und teilweise Umsetzung von regionalen und globalen Machtansprüchen, so z.B. in Georgien ab 2008 und in der Ukraine ab 2014. Die neo-imperiale Staatsideologie wurde maßgeblich von Putin selbst geprägt. Aus ihr leitet sich die proklamierte Kriegsmotivation ab; an sie ist der Erhalt des derzeitigen autoritären Systems gekoppelt.

Das Diktum, dass Demokratien keine Kriege gegeneinander führen, lässt sich in vergleichenden Studien empirisch bestätigen, nicht jedoch die These, dass Autokratien häufiger Krieg führen als Demokratien. Auch wenn die politische Verfasstheit des Systems nicht per se über Krieg und Frieden entscheidet, so spielt die Machtkonzentration in einem autoritären System eine Rolle für die letztendliche Entscheidung über Krieg und Frieden und ihre Rechtfertigung. Es gibt weniger institutionell verankerte Hürden auf dem Weg zum Kriegsbefehl und kaum Opposition gegenüber der ideellen oder materiellen Kriegsbegründung.

Durchdringung der russischen Gesellschaft mit staatlicher Geschichtspolitik und Propaganda

Der russische Staat betreibt seit Jahren eine äußerst proaktive Geschichtspolitik, die versucht, mit einer selektiven Interpretation der russischen und sowjetischen Geschichte Anknüpfungspunkte für die individuelle und kollektive Identifikation zu bieten und das politische System nach innen zu legitimieren. Die Instrumentalisierung der Geschichte, aus der politische Ansprüche für die Gegenwart und Zukunft abgeleitet werden, ist einer der zentralen Mechanismen des Autoritarismus unter Putin. Insbesondere der Zweite Weltkrieg steht im Mittelpunkt der von oben gelenkten historischen Erinnerung. Eine wichtige Rolle spielen die öffentliche Inszenierung des 9. Mai, des Tages des Sieges über Nazi-Deutschland, das Umschreiben und die

Vereinheitlichung von Schulbüchern und die Anpassung der historischen Forschung an die Bedürfnisse des Staates. Die Staatsmedien verankern die politisch opportune Interpretation von Geschichte als Teil der neo-imperialen Staatsideologie im gesellschaftlichen Alltag des Systems.

Die Betonung liegt auf den Kontinuitäten in der russischen und sowjetischen Geschichte, während politische Umbrüche wie die Oktoberrevolution und der Zusammenbruch der Sowjetunion in der offiziellen Geschichtsschreibung als Aberration auftauchen. Die neo-imperialen Machtansprüche gipfeln in der Sicht Putins auf die Ukraine, der die Existenz als eigenständige Nation und als Staat abgesprochen wird. In den von Putin aktiv betriebenen und teilweise selbst verfassten Geschichtsdiskursen und ihrer intensiven medialen Verbreitung in Russland und im Ausland spiegelt sich auch Putins Sorge um die eigene historische Hinterlassenschaft. In seinen diversen Reden sieht er sich in der direkten Nachfolge der russischen Zaren, insbesondere Peters des Großen. Wie andere historische Hinterlassenschaften auch, entfalten aus der Geschichte abgeleitete Machtansprüche nicht automatisch ihre politische Wirkung. Sie müssen aktiviert werden. Dies kann über die Reibung mit konträren politischen Ideen geschehen.

Demokratisierung und Westorientierung der Ukraine

In den über 30 Jahren seit der ukrainischen Unabhängigkeit, hat eine Transformation der Ukraine in ein politisches System stattgefunden, das eine klare Alternative zum Autoritarismus russischer Prägung darstellt. Der Transformationsprozess ist nicht immer gradlinig verlaufen und ist noch nicht abgeschlossen, aber die grundlegende Weichenstellung erfolgte durch die wiederholte gesellschaftliche Mobilisierung für Unabhängigkeit, Demokratie und Rechtsstaatlichkeit. Die Zyklen der Massenproteste – v.a. die Orangene Revolution von 2004 und der Euromaidan 2013/14 – haben die Erfahrungen, Erwartungen und Hoffnungen innerhalb der ukrainischen Gesellschaft geprägt und eine neue Grundlage für politisches Interesse sowie soziales, zivilgesellschaftliches und politisches Engagement geschaffen. Die umfassende Dezentralisierung der letzten Jahre hat diesen Trend auf der lokalen Ebene im Sinne einer Demokratisierung von unten verstärkt. Die Demokratisierung der Ukraine war eng mit einer schrittweisen Westorientierung verbunden. Die Annäherung an die EU und die NATO wurde ab 2004 zur offiziellen Politik und setzte sich nach einer erneuten Phase der außenpolitischen Ambivalenz 2010–2013 mit dem Euromaidan auf der politischen Ebene durch. Neben dieser Grundsatzentscheidung war die gesellschaftliche Westorientierung auch eine logische Folge der in den Protestbewegungen eingeforderten Werte und Lebensstandards. Der Wunsch nach Integration in die EU wurde im ganzen Land zur Mehrheitsmeinung. Die Zustimmung zur Integration in die NATO wuchs ebenfalls, seit 2014 v. a. im Südosten des Landes, blieb aber insgesamt hinter dem EU-Konsens zurück.

Stärkung einer staatszentrierten ukrainischen Identität

Der Transformationsprozess in der Ukraine hat eine mit dem ukrainischen Staat und dem politischen System verknüpfte nationale Identität gestärkt. Zahlreiche Umfragen verschiedener Agenturen zeigen diesen Trend, der sich im Nachgang des Euromaidan, der Krim-Annexion und während des Donbas-Krieges verstärkte. Diese Identität legt den Akzent auf das Prinzip der Staatsbürgerschaft und ist somit inklusiver als ethnische, sprachliche, regionale oder soziale Identitäten. Die wiederholten Protestzyklen in der Ukraine waren in ihren Forderungen und Mobilisierungsstrategien gesamtgesellschaftlich angelegt und bezogen sich bewusst auf allgemeine demokratische Prinzipien und universelle Menschenrechte. Sie trugen zum staatszentrierten Selbstverständnis bei, das auch in Selenskyjs Wahlkampf 2019 eine zentrale Rolle spielte. Diese Art von Identität bietet einen Rückhalt in Krisenzeiten und kann auch im Kriegskontext aktiviert werden.

Bestehendes gesellschaftliches Engagement konnte im Krieg rasch in humanitäre Hilfe (z.B. für Geflüchtete), Unterstützung für die Armee (z.B. in der Form von Spenden oder Mitgliedschaft in territorialen Verteidigungseinheiten), für den Erhalt lokaler Selbstverwaltungsstrukturen und für den Wiederaufbau von Infrastruktur umgelenkt werden. Die kumulative historische Erfahrung von Diskriminierung und Repressionen im russischen und sowjetischen imperialen Kontext, die seit der Orangenen Revolution eine sichtbarere Rolle im öffentlichen Diskurs in der Ukraine spielte (z.B. mit Bezug auf den Holodomor, die künstlich von Stalin herbeigeführte Hungersnot), verleiht der Transformation in eine politische Alternative zu Russland eine besondere emotionale Intensität. Diese historische Erfahrung und ihre Aufarbeitung könnten auch eine engere Definition einer ethnischen ukrainischen Identität befördern. Doch mit der Entscheidung, allen 1991 auf dem Staatsgebiet Ansässigen die ukrainische Staatsbürgerschaft zu verleihen, lag der Akzent seit der Unabhängigkeit auf einer inklusiven staatlichen Identität.

Zunehmende Diskrepanz zwischen westlichen und russischen Sicherheitswahrnehmungen

Das von Putin in seinen Reden benannte Kriegsmotiv bezieht sich auf die Wahrnehmung einer Bedrohung Russlands durch die Politik des Westens, insbesondere durch die NATO-Osterweiterung und die Annäherung der Ukraine (und Georgiens) an die NATO. Auch wenn Putin die EU nie explizit als Sicherheitsrisiko benannt hat, so stellt auch die partielle Integration der Ukraine in den EU-Binnenmarkt über das Handels- und Assoziierungsabkommen und vor allem die mit dem Krieg konkret gewordene Beitrittsperspektive ein politisches und wirtschaftliches Risiko für Russland dar. Die Integration in die EU-Strukturen und -praktiken unterstreicht, dass die Ukraine ein Modell verkörpert, das in der Zukunft auch in Russland auf der Ebene der Eliten und der Gesellschaft attraktiver werden könnte. Zudem mindert sie die Attraktivität der von Russland initiierten

Eurasischen Wirtschaftsunion. Putin thematisiert die EU generell wenig und spricht ihr damit ihre Relevanz ab. Er nutzt ihre internen Schwächen und setzt auf bilaterale Beziehungen zu einzelnen EU-Mitgliedstaaten.

Putin wusste genau, dass die NATO-Mitgliedschaft der Ukraine (und Georgiens) auf absehbare Zeit nicht auf der Tagesordnung stand. Auch die Tatsache, dass Putin nicht auf das von Selenskyj in den ersten Kriegstagen unterbreitete Angebot einging, über eine Neutralität der Ukraine im Gegenzug für belastbare Sicherheitsgarantien zu verhandeln, zeigt, dass es Putin um mehr als das Verhältnis der Ukraine zur NATO geht. Auch ließ er sich nicht auf einen substantiellen Sicherheitsdialog mit den USA und der NATO ein, der im Vorfeld des Angriffskriegs vom 24. Februar möglich gewesen wäre. Stattdessen formulierte Putin Maximalforderungen, die im Ergebnis in die Zeit vor der NATO-Russland-Grundakte und der NATO-Osterweiterung zurückkehren wollten. Verhandlungsbereitschaft ließ er nicht erkennen. Russlands Mantra, die NATO habe im Kontext der deutschen Wiedervereinigung versprochen, sich nicht gen Osten auszuweiten, ist leicht aufgeklärt: Es gab keine verbindliche schriftliche Vereinbarung, aber einige der politischen und diplomatischen Akteure äußerten sich damals in diese Richtung gegenüber ihren sowjetischen Gesprächspartnern. Letztendlich überstieg die Möglichkeit einer NATO-Osterweiterung den damaligen Vorstellungshorizont aller an den Verhandlungen Beteiligten, die noch nicht vom Zerfall des Warschauer Paktes und der Sowjetunion ausgingen. Seit Ende des Kalten Krieges ist es nicht gelungen, eine europäische oder internationale Sicherheitsarchitektur zu etablieren, die die unterschiedlichen Wahrnehmungen und Interessen hätte integrieren können. Der politische Wille dazu war zunächst bei den ostmitteleuropäischen Staaten, die ihre Sicherheit nur durch die NATO garantiert sahen, und dann sowohl in Russland als auch im Westen gering. Die in der NATO-Russland-Grundakte erwähnte Absicht, die Abrüstung über eine Anpassung des Vertrags über Konventionelle Streitkräfte in Europa von 1990 zu verstärken, scheiterte sowohl an russischen als auch an NATO-Vorbehalten. Das Auslaufen von bzw. der Ausstieg aus Rüstungskontrollverträgen zwischen den USA und Russland sowie die Aufrüstung Russlands und neuer globaler Akteure wie China und Indien erhöhen die allgemeine Unsicherheit auf internationaler Ebene.

Wachsende Widersprüche in der westlichen Russland-Politik

Die Widersprüche in der westlichen Russland-Politik, bzw. das Fehlen einer kohärenten Russland-Politik auf EU- oder NATO-Ebene sind in den letzten Jahren immer deutlicher geworden. Die deutsche Debatte haderte mit der vermeintlichen Dichotomie «Dialog vs. Sanktionen». Einerseits war Deutschland eine der treibenden EU-Kräfte hinter den ersten EU-Sanktionen als Antwort auf die Krim-Annexion und den Donbas-Krieg sowie der regelmäßigen Verlängerung dieser gestaffelten Sanktionspakete. Andererseits wurde insbesondere in Deutschland viel von Dialogkanälen, die geöffnet bleiben sollten, gesprochen – obwohl in der Realität kaum Dialog stattfand und auf vielen Ebenen Kontakte abbrachen. Letztendlich wurde in zahlreichen EU-Mitgliedstaaten die innere Logik des Autoritarismus in Russland unterschätzt, neo-imperiale Ansprüche wurden als verhandelbare Sicherheitsinteressen missverstanden, und die USA hatten Russland im Vergleich zur strategischen Konfrontation mit China zu früh in seiner Bedeutung zurückgestuft.

Trotz der EU- und US-Sanktionen sowie russischer Gegensanktionen wurden Russlands Prestigeobjekte Nord Stream I und II bewusst vorangetrieben und rhetorisch mit der Beschreibung «Wandel durch Handel» positiv konnotiert. Die hohe Energieabhängigkeit Deutschlands und anderer EU-Staaten wie Österreich, Italien und Ungarn von Russland wurde trotz der wachsenden politischen und wirtschaftlichen Konfrontation in Kauf genommen. Die damit verbundenen Sicherheitsbedenken der ostmitteleuropäischen Staaten und der Ukraine wurden nicht ernst genommen. Zugleich waren Differenzen innerhalb der NATO und der EU deutlich zu erkennen, und die transatlantische Achse Europa-USA und der Zusammenhalt der NATO erschienen unter Präsident Trump brüchig. Die Widersprüche in der westlichen Politik gegenüber Russland sowie offensichtliche interne Schwächen westlicher Institutionen signalisierten Russland einen größeren Handlungsspielraum.

Schrittweise Ausweitung des Krieges seit 2014

Die Tatsache, dass Russland den Krieg gegen die Ukraine von der Krim-Annexion 2014 über den Donbas-Krieg bis hin zur großflächigen Invasion schrittweise ausdehnte, erlaubte es Russland, seinen außenpolitischen Spielraum gegenüber dem Westen auszutesten, sich selbst im Zusammenhang mit den nach der Krim-Annexion und dem Donbas-Krieg verhängten westlichen Sanktionen Zeit für nötige Adaptionen zu geben und Unterstützung in der eigenen Bevölkerung aufzubauen bzw. eine Art Kriegsnormalität zu schaffen, die öffentlich kaum hinterfragt wurde. Die phasenhafte Erweiterung des Krieges ab 2014 führte auch bei der EU bzw. im Westen allgemein und sogar in der Ukraine zu gewissen Gewöhnungseffekten. Diese drückten sich zum einen in der schrittweisen Verschärfung der Sanktionen aus, zum anderen aber auch in der zögerlichen Haltung Deutschlands und einiger NATO-Mitgliedstaaten bei Waffenlieferungen und in den Rufen nach Verhandlungen. Es schien, als hätte man aus dem nicht umgesetzten Minsker Abkommen im Donbas-Krieg keine Lehren gezogen.

Vor dem Hintergrund dieser sieben interagierenden Dynamiken begann in den frühen Morgenstunden des 24. Februar 2022 auf Putins Befehl der breit angelegte Angriffskrieg auf die gesamte Ukraine. Nach einem monatelangen massiven russischen Truppenaufbau an der ukrainischen Grenze griff Russland die Ukraine vom Norden, Osten und Süden gleichzeitig an. Die Hauptstadt Kiew stand sofort als eines der Hauptziele unter Beschuss, ebenso die Großstadt Charkiw im Osten, aber auch Städte in der Zentralukraine und im Westen des Landes wurden angegriffen.

Der 24. Februar 2022 markiert schon jetzt eine Zäsur in der europäischen Geschichte. Die Rede vom «Kriegsbeginn», die seitdem den deutschen und internationalen Diskurs dominiert, ist allerdings unzutreffend, denn Russland führt in der Ukraine bereits seit 2014 Krieg. Begriffe definieren den Rahmen des Sag- und Vorstellbaren. Daher sind auch weit verbreitete Bezeichnungen wie «Ukraine-Konflikt» oder «Ukraine-Krise» problematisch. Es ist kein Zufall, dass der Begriff «Ukraine-Krise» auch im russischen Diskurs eine prominente Rolle spielt, suggeriert er doch, dass die Ukraine ihre internen Probleme nicht bewältigen kann, während Russland unbeteiligt wirkt. Eine Steigerung ist der in Russland häufig genutzte Begriff «Bürgerkrieg», der den Donbas-Krieg als Auseinandersetzung innerhalb der Ukraine darstellt. Auch in der westlichen Öffentlichkeit ist dieser Begriff mitunter präsent. Russische Desinformation und westliches Desinteresse verstärken sich hier gegenseitig. Auch die Bezeichnung «Ukrainekrieg», die derzeit häufig zu lesen und hören ist, lenkt das Augenmerk auf einen Krieg in der Ukraine, der aber ohne den sofortigen Bezug auf Russland als ein interner Krieg bzw. Bürgerkrieg oder als ein Krieg, den die Ukraine (mit)verschuldet hat, missverstanden werden kann. Eine klare Benennung ist von essentieller Bedeutung: Russland führt in der Ukraine Krieg gegen die Ukraine.

Beim Begriff «Konflikt» ist die Problematik vielschichtiger. Der Begriff klingt weniger drastisch als «Krieg» und vermittelt das Bild eines kleineren bzw. schwelenden Konflikts, dessen Eskalation durch Regulierungsmaßnahmen verhindert oder zumindest eingehegt werden kann. Die regelmäßige Bezeichnung des Krieges im Donbas als «Konflikt» hat zu dieser Wahrnehmung in Deutschland und vielen anderen Ländern beigetragen. Mitunter ist mit der Bezeichnung «Ukraine-Konflikt» aber auch der größere angespannte internationale Kontext hinter der Krim-Annexion und dem Krieg im Donbas gemeint, d. h. er bezieht sich dann über den Krieg hinaus auf Fragen der internationalen Zusammenarbeit oder Sanktionierung. In den Sozialwissenschaften gibt es ein als «Konfliktforschung» – manchmal auch als «Friedens- und Konfliktforschung» – definiertes Feld, das sich der ganzen Bandbreite von großangelegten Kriegen bis hin zu latenten Konfliktpotenzialen, Konfliktprävention und Bemühungen um den Erhalt von Frieden beschäftigt. Zur Verantwortung von Wissenschaft gehört es, sich der Deutungsmöglichkeiten im öffentlichen und politischen Diskurs bewusst zu sein und den Begriff «Konflikt» im öffentlichen Diskurs kritisch zu hinterfragen bzw. nicht zu verwenden, wenn er die politische Realität verschleiert.

Krieg lenkt die Aufmerksamkeit von Politik und Öffentlichkeit auf militärische Kapazitäten und Strategien. Daneben mag die empirische Erforschung von gesellschaftlichen und politischen Entwicklungen vor, während und nach einem Krieg mitunter als «weich» und sekundär erscheinen. Russlands Krieg gegen die Ukraine zeigt jedoch in aller Deutlichkeit, dass Identitäten, Transformationsprozesse, Geschichtspolitik und staatliche Diskurse keine Nebenschauplätze sind, sondern eine zentrale Rolle spielen.

Ukraine

2. Unabhängigkeit und Territorium

Die Geschichte der heutigen Ukraine ist maßgeblich von verschiedenen Imperien geprägt worden, insbesondere vom Habsburger Reich im Westen, vom Krim-Khanat bzw. Osmanischen Reich im Süden, vom russischen Zarenreich im Süd- und Nordosten und in Teilen der Zentralukraine sowie durch die Sowjetunion auf dem gesamten heutigen Staatsgebiet. Die Imperien wirken in ihren strukturellen und kulturellen Hinterlassenschaften nach. Dabei kommen die ideellen Spuren der früheren Imperien zum Teil unter bzw. neben dem sowjetischen Erbe hervor. Die Geschichte der Ukraine erschließt sich uns als transregionale Verflechtungsgeschichte. So wurde die Idee der ukrainischen Nation im 19. Jahrhundert von transnational agierenden kulturellen Eliten aus der zum Zarenreich gehörenden Ostukraine im Umfeld der Universität Charkiw formuliert. Für die Entfaltung dieser Idee bot dann die Westukraine innerhalb des Habsburger Reiches das politisch offenere Umfeld. Im frühen 20. Jahrhundert bildete die Westukraine im Zusammenspiel mit der ukrainischen Diaspora in Nordamerika, die ihre nationale Identität in der Emigration zu formulieren begann, den Kern der Unabhängigkeitsbewegung – zunächst noch im Habsburger Reich, dann in der kurzlebigen Ukrainischen Volksrepublik am Ende des Ersten Weltkriegs. Auch in der Sowjetunion blieb die Idee der Unabhängigkeit eng mit der Westukraine verbunden.

In ihrer Fokussierung auf das Streben nach Unabhängigkeit unterscheidet sich die ukrainische Geschichtsschreibung nicht wesentlich von anderen nationalen Historiographien. Staatliche Unabhängigkeit verleiht der Geschichtsschreibung einen vermeintlich klaren Bezugspunkt, aber dieser sagt letztendlich nur begrenzt etwas über die heutige Staatlichkeit oder das Staatsterritorium in seinen international anerkannten Grenzen aus. Das Streben nach Unabhängigkeit wird in der ukrainischen Historiographie mitunter allzu gradlinig vom Mittelalter bis heute nacherzählt. Das mittelalterliche Großreich Kiewer Rus, dessen Anfänge auf das 9. Jahrhundert zurückgehen und sowohl von der Ukraine als auch von Russland als Wiege der Staatlichkeit und Kultur beansprucht werden, der Kosakenstaat (Hetmanat) des 17. Jahrhunderts und die Ukrainische Volksrepublik 1918–20 sind die wichtigsten Bezugspunkte in dieser Hinsicht.

Im Zusammenhang mit dem Ersten Weltkrieg und der Oktoberrevolution kam es zwischen 1917 und 1920 zu kurzen Phasen ukrainischer Autonomie bzw. Unabhängigkeit, zunächst als Teil der Politik Deutschlands und Österreich-Ungarns, und dann in unterschiedlichen Konfigurationen während des Bürgerkriegs, der auf die Oktoberrevolution folgte. Von Januar 1918 bis zur Einnahme durch die Rote Armee im Februar 1920 existierte die Ukrainische Volksrepublik, bevor sie 1922 als Ukrainische Sozialistische Sowjetrepublik in die Sowjetunion integriert wurde. Diese kurze Phase der Staatlichkeit und die Nationalitätenpolitik Lenins in der frühen Sowjetzeit stärkten die ukrainische nationale Identität sowohl durch die Förderung der ukrainischen Sprache und Kultur als auch durch die administrative Trennung der Ukrainischen und der Russländischen Sowjetrepublik.

Die Stalin-Ära ist für die Ukraine neben dem innerparteilichen stalinistischen Terror mit der großen, künstlich herbeigeführten Hungersnot (Holodomor) von 1932/33 verbunden, bei der mindestens drei bis vier Millionen Menschen ums Leben kamen – manche Schätzungen liegen noch viel höher. Stalins Politik der Kollektivierung der Landwirtschaft deckte sich hier mit dem Ziel, die ukrainische Nationalbewegung zu brechen. Die Anerkennung des Holodomor als Genozid ist ein zentraler Bestandteil der ukrainischen Erinnerungskultur und Geschichtspolitik seit der Orangenen Revolution 2004. Der Zweite Weltkrieg war für die Ukraine ein weiterer tiefer Einschnitt. Timothy Snyder hat die Opferzahl in der von ihm als «Bloodlands» bezeichneten Region zwischen Zentralpolen und Westrussland – dazu gehören die Ukraine, Belarus und das Baltikum – unter der Nazi- und Sowjetherrschaft auf 14 Millionen beziffert. Im Geschichtsverständnis der Deutschen und Westeuropas allgemein ist nach wie vor nicht verankert, dass der Holocaust auch außerhalb Deutschlands stattfand und dass die sowjetischen Kriegsopfer nicht «nur» Russen und Russinnen waren. Erfahrungen des kollektiven Leids, der Repressionen und der Russifizierung zogen sich durch die ukrainische Sowjetgeschichte.

Zur imperialen Hinterlassenschaft der Sowjetunion gehören sowohl nachwirkende Traumata als auch die zumindest phasenweise Förderung oder Duldung der ukrainischen Sprache und Kultur sowie die administrativen Strukturen einer auf dem Papier als souverän definierten Sowjetrepublik. In ihren heutigen Grenzen wurde die Ukraine ab Ende 1991 zum ersten Mal in ihrer Geschichte dauerhaft unabhängig. Die westliche Grenze der Ukraine ist das Resultat sowjetischer Grenzziehung nach dem Zweiten Weltkrieg; ihre südliche Grenze nahm mit dem administrativen Transfer der Krim 1954 von der Russländischen Sozialistischen Föderativen Sowjetrepublik zur Ukrainischen Sowjetrepublik ihre heutige Form an. Die östliche Grenze der Ukraine – eine über 2000 Kilometer lange Grenze zu Russland – geht maßgeblich auf die Verhandlungen in den 1920er Jahren im Zusammenhang mit der Gründung der Sowjetunion zurück. Diese Grenze erschien zur Zeit der Desintegration der Sowjetunion am wenigstens kontrovers.

Die vom Parlament der Ukrainischen SSR verabschiedete Unabhängigkeitserklärung nach dem Augustputsch 1991 und die Legitimation dieses Schritts durch ein Referendum am 1. Dezember 1991 besiegelten das Ende der Sowjetunion und schufen eine klare Grundlage für den ukrainischen Staat. Im Referendum vom Dezember 1991 sprachen sich über 90 Prozent der abstimmenden Bevölkerung (knapp über 84 Prozent der wahlberechtigten Bevölkerung nahmen teil) für die staatliche Unabhängigkeit aus, darunter auch eine knappe Mehrheit von 54 Prozent auf der Krim und 57 Prozent in Sewastopol, einer Stadt mit militärisch-administrativem Sonderstatus. In den östlichen und südlichen Regionen wie Donezk, Charkiw und Odesa lag die Zustimmung bei zwischen 80 und 90 Prozent. Das Referendum mobilisierte vor allem diejenigen, die der Idee der Unabhängigkeit zustimmten. Es gab regionale Unterschiede bei der Beteiligung am Referendum: Auf der Krim lag diese bei etwas unter 68 Prozent (in Sewastopol bei knapp unter 64 Prozent), in Odesa, Charkiw, Donezk und Luhansk beteiligten sich 75–80 Prozent, d. h., selbst im Südosten des Landes beteiligte sich eine beachtliche Mehrheit an dieser Grundsatzentscheidung.

Die Frage der Unabhängigkeit hat sowohl die Ukraine selbst als auch externe Beobachter und Beobachterinnen seit 1991 immer wieder beschäftigt. Mit dem Budapester Memorandum von 1994 garantierten Russland, die USA und Großbritannien der Ukraine ihre staatliche Souveränität und ihre territoriale Integrität in den Grenzen von 1991 im Gegenzug für ihren Beitritt zum Atomwaffensperrvertrag und die Überführung der in der Ukraine stationierten Atomwaffen aus der Sowjetzeit nach Russland. Mit Belarus und Kasachstan wurde ebenfalls je ein Memorandum abgeschlossen. Für die Ukraine war dieses Abkommen eine fundamentale, international verbriefte Sicherheitsgarantie, auch wenn ihre Rechtsverbindlichkeit ambivalent blieb. Mit der Krim-Annexion 2014 wurde das Memorandum hinfällig, als Russland die territoriale Integrität der Ukraine unterminierte und die Garantiestaaten dagegen nichts tun konnten oder wollten. Das Budapester Memorandum beinhaltete keinen Mechanismus für den Fall eines Disputs oder eines Angriffs auf das ukrainische Staatsgebiet.

Der Begriff der Unabhängigkeit hatte in der Ukraine nach 1991 auch weiterhin eine gesellschaftliche Resonanz, auch wenn die genaue Bedeutung schwer zu fassen ist und je nach Kontext zu variieren scheint. Laut einer Umfrage des Kiewer Internationalen Instituts für Soziologie (KIIS) hätten im Juni 2021 knapp über 70 Prozent der Ukrainer und Ukrainerinnen für die Unabhängigkeit gestimmt, 8 Prozent hätten sich dagegen ausgesprochen und knapp 22 Prozent gaben an, unsicher zu sein, ob sie an dieser Art der Abstimmung teilgenommen hätten. Umgerechnet bedeuten diese Zahlen, dass etwa 78 Prozent der Bevölkerung an einer dem Referendum von 1991 vergleichbaren Abstimmung teilgenommen hätten und sich von ihnen knapp unter 90 Prozent für und 10 Prozent gegen die Unabhängigkeit ausgesprochen hätten. Diese Zahlen entsprechen denen des Referendums von 1991. Die Frage nach der Unabhängigkeit drei Jahrzehnte nach der Auflösung der Sowjetunion zu stellen, bedeutet nicht dasselbe wie 1991, als diese Idee noch nicht verwirklicht war. In der Zwischenzeit mag die Frage eher ein Gradmesser für die allgemeine gesellschaftliche Zufriedenheit geworden sein. Der KIIS-Umfrageserie zufolge waren die Zustimmungswerte für Unabhängigkeit zwischen der Orangenen Revolution und dem Euromaidan geringer. Im Rückblick zeigen die Werte vor allem, wie hoch die Zustimmung für Unabhängigkeit bereits 1991 war.

Die größte interne territoriale Herausforderung für die unabhängige Ukraine war nach 1991 die politische Integration der Halbinsel Krim. Die Krim war die einzige Region, die in der zerfallenden Sowjetunion Anfang 1991 noch einen Autonomiestatus zugesprochen bekam. Vielerorts wurden formell bestehende Autonomierechte eingefordert, an einigen Orten wurden regionale Autonomien im Kontext der Nationalbewegungen auf der Ebene der Sowjetrepubliken in Frage gestellt oder aufgehoben, was zu Gegenmobilisierung und Gewalt führte, so zum Beispiel in Abchasien und Südossetien. Eine sich konstituierende Autonomiebewegung auf der Krim wollte sich über den Status einer Autonomen Sozialistischen Sowjetrepublik (ASSR) innerhalb der Sowjetunion absichern und diesen an die Existenz der UdSSR binden. Im Januar 1991 ergab ein Referendum auf der Krim bei einer Beteiligung von knapp über 81 Prozent der Bevölkerung eine Mehrheit von über 90 Prozent der Abstimmenden für eine ASSR innerhalb der UdSSR. Stattdessen entschied der Oberste Sowjet der Ukrainischen Sozialistischen Sowjetrepublik im Februar 1991, die regionalen Autonomiebestrebungen über die Schaffung einer ASSR innerhalb der Ukrainischen Sowjetrepublik einzuhegen. Von diesem Kompromiss bestand allerdings nicht mehr als eine Worthülse, als die Sowjetunion wenige Monate später aufgelöst wurde. Dennoch bot dieser institutionelle, noch nicht definierte Rahmen einen Anknüpfungspunkt für die Verhandlungen über den Status der Krim innerhalb der unabhängigen Ukraine. Das Prinzip der Autonomie ist somit nicht so eindeutig mit Konflikt und Gewalt verbunden, wie oftmals – auch in sozialwissenschaftlichen Studien – behauptet wird. Auf der Krim hat sich in der Idee von Autonomie sowohl Konfliktpotenzial kristallisiert als auch ein Rahmen für Konfliktmanagement eröffnet.

Der letzten sowjetischen Volksbefragung von 1989 zufolge hatten 67 Prozent der insgesamt 2,4 Millionen Krimbewohner und -bewohnerinnen ihre «Nationalität» als russisch bezeichnet, 25,8 Prozent als ukrainisch und 1,6 Prozent als krimtatarisch. Darüber hinaus gab es zahlreiche weitere Minderheiten. Der krimtatarische Bevölkerungsanteil war schon durch die imperiale Politik des Zarenreiches zurückgegangen: Ende des 19. Jahrhunderts machte ihr Anteil laut offizieller Statistik noch etwa ein Drittel der Krimbevölkerung aus, zu Beginn des Zweiten Weltkriegs nur noch knapp unter 20 Prozent. Die Deportation der gesamten krimtatarischen Bevölkerung durch Stalin im Jahr 1944 unter dem Vorwand der Kollaboration mit den (zu diesem Zeitpunkt noch nicht auf der Krim eingetroffenen) deutschen Truppen und die auf die Deportation folgende Ansiedlung von Russen und Russinnen sowie Ukrainern und Ukrainerinnen veränderte die ethnische Zusammensetzung. Erst nach dem Zusammenbruch der Sowjetunion stieg der krimtatarische Bevölkerungsanteil mit der Rückkehrbewegung aus den Orten der Deportation dann wieder auf etwa 12 Prozent an.

1993 warnte die britische Zeitschrift *The Economist* vor einem «langen, erbitterten, möglicherweise blutigen und unter Umständen nuklearen Konflikt zwischen Russland und der Ukraine», der sich an der Krim entzünden könnte. Dieses apokalyptische Szenario war bereits damals überzeichnet, ruft aber in Erinnerung, dass es nach dem Ende der Sowjetunion reales Konfliktpotenzial gab. Das Konfliktpotenzial auf der Krim in den frühen 1990er Jahren hatte verschiedene Dimensionen: die Beziehungen zwischen der ukrainischen Regierung in Kiew und den regionalen politischen Institutionen in Simferopol bzw. der separatistischen pro-russischen Bewegung, das Zusammenleben in der multiethnischen Region im Kontext der Massenrückkehr und ungeregelten Ansiedlung der krimtatarischen Bevölkerung sowie die bilateralen Beziehungen zwischen der Ukraine und Russland. Letztere bezogen sich zu diesem Zeitpunkt neben der generellen Anerkennung der ukrainischen Unabhängigkeit innerhalb der politischen Eliten Russlands auf die Aufteilung der vor der Küste bei Sewastopol stationierten Schwarzmeerflotte, deren Rolle für Russland von strategischer und historisch bedingter symbolischer Bedeutung war, die Überführung der auf dem Territorium der Ukraine stationierten sowjetischen Atomwaffen und die Frage nach den Bedingungen für die Fortsetzung subventionierter Energielieferungen an die Ukraine.

Die Auseinandersetzung zwischen Kiew und Simferopol konzentrierte sich auf die Jahre 1992–95. Im Mai 1992 erklärte das regionale Parlament die «Krim Republik» für unabhängig. Das Konzept der Unabhängigkeit blieb ambivalent: Die auf regionaler Ebene verabschiedete Verfassung bezeichnete die Krim weiterhin als Teil der Ukraine, versuchte aber zugleich die Beziehungen zwischen Kiew und Simferopol so zu regeln, als repräsentierten sie zwei souveräne Einheiten. Eine weitere, auf den Protest aus Kiew hin revidierte Krim-Verfassung sprach im Herbst 1992 bereits wieder von der «Autonomen Republik der Krim». Dennoch hatte sich die Krim ein eigenes Wappen und eine Flagge, deren Trikolore der Flagge Russlands ähnelte, gesichert. Im Januar 1994 wurde Juri Meschkow, einer der Anführer der aus verschiedenen Organisationen bestehenden pro-russischen Bewegung, auf der Grundlage der neuen Verfassung zum Krim-Präsidenten gewählt. Unter seiner Führung erlangte der «Block Russland» auch bei den regionalen Parlamentswahlen im März-April 1994 die Mehrheit (54 von 98 Sitzen). Ein weiteres, von der Regierung in Kiew für ungültig erklärtes Referendum über mehr regionale Selbstständigkeit folgte im Mai 1994, woraufhin die in ihrem Anspruch auf Selbstständigkeit am weitesten gehende Krim-Verfassung vom Mai 1992 erneut eingesetzt wurde. Auf Druck der ukrainischen Regierung nahm das Krim-Parlament bereits im Juni 1994 seine Entscheidung zurück. Ab dem Sommer 1994 verschärften sich die politischen Auseinandersetzungen zwischen dem Krim-Präsidenten Meschkow, der auch den russischen Präsidenten und russische Abgeordnete mehrfach um Hilfe anrief und sogar die Krim zeitweilig in die Moskauer Zeitzone verschob, und dem Krim-Parlament. Die separatistische pro-russische Bewegung begann in sich zu zerfallen.

Im September 1994 setzte der neue ukrainische Präsident Leonid Kutschma einen loyalen Regierungschef auf der Krim ein. Im März 1995 gewann Kiew dann endgültig die Oberhand: Das ukrainische Parlament hob die Krim-Verfassung von 1992 sowie eine Reihe von regional erlassenen Gesetzen und Dekreten offiziell auf, setzte Meschkow als Krim-Präsidenten ab und schaffte dieses Amt insgesamt ab. Meschkow wurde zum Verlassen der Krim gezwungen. Per Dekret unterstellte Präsident Kutschma die Krim in den folgenden Monaten der direkten Kontrolle der ukrainischen Präsidialverwaltung.

Vier Faktoren haben insgesamt dazu beigetragen, dass das mit der Krim verbundene Konfliktpotenzial in den 1990er Jahren entschärft wurde: 1) der multiethnische Kontext der Krim, 2) die interne Schwäche der regionalen pro-russischen Bewegung, 3) die abwägende, Eskalation vermeidende Politik Kiews, 4) die fehlende aktive Unterstützung durch Russland unter Präsident Boris Jelzin. Im Rückblick ist der letzte Punkt als der ausschlaggebende zu gewichten, auch wenn alle vier Faktoren eng miteinander verknüpft waren. Vor dem Hintergrund dieser Faktoren konnte eine politische Dynamik bei der Konfliktentschärfung an Signifikanz gewinnen: die ineinander verschränkten Prozesse der Verfassungsgebung auf nationaler und regionaler Ebene. Auch wenn die regionalen pro-russischen Kräfte bei ihren Versuchen scheiterten, über eigenmächtige Krim-Verfassungen ihren politischen Spielraum zu erweitern, so trugen sie dazu bei, dass Verfassungsverhandlungen das Hauptinstrument institutioneller Konfliktentschärfung wurden. Die ukrainische Verfassung von 1996 definierte die Ukraine als einen Unitarstaat mit 27 administrativen Einheiten, darunter 24 Gebiete *(Oblasti)*, zwei Städte mit Sonderstatus (Kiew und Sewastopol) und die

Autonome Republik der Krim. Die damalige ukrainische Regierung unter Präsident Kutschma zeigte also die nötige Flexibilität, die Autonomie der Krim in der ukrainischen Verfassung zu verankern, obwohl sie im Widerspruch zur Definition der Ukraine als Unitarstaat steht. Die Krim-Verfassung von 1998 beschrieb dann den Inhalt der Krim-Autonomie, die zwar inhaltlich schwach blieb, aber doch über eine bloße Symbolfunktion hinausging, so z.B. beim Gebrauch von drei offiziellen Sprachen (Ukrainisch, Russisch, Krimtatarisch) und der Möglichkeit, in der Region erhobene Steuern einzubehalten.

Die Multiethnizität der Krim und die im Alltag geteilte russische Sprache haben mit dazu beigetragen, eine klare ethnopolitische Polarisierung der Gesellschaft und Eliten zu verhindern. Die Dominanz der russischen Sprache auf der Krim ist das Resultat imperialer russischer und sowjetischer Siedlungs- und Kulturpolitik. Sowohl das sich in den Volksbefragungen 1989 und 2001 als «ukrainisch» definierende Viertel der Krimbevölkerung als auch die krimtatarische Bevölkerung, die ab 1991 aus den Orten ihrer Deportation in Zentralasien und Russland zurückkehrte, waren mehrheitlich russischsprachig. Stalins Deportation war mit einer umfassenden Russifizierung einhergegangen, auch wenn die Deportierten und ihre Nachfahren ihre Identifikation mit der krimtatarischen Sprache erhalten hatten und diese nach der Rückkehr neu erlernten. Die ukrainische Regierung gab der ukrainischen Sprache nach der Unabhängigkeit den in der Verfassung verankerten Status der alleinigen Staatssprache, sah aber davon ab, den russischen Sprachgebrauch zu regulieren. Insgesamt verhielt sich Kiew der Region gegenüber pragmatisch abwartend und signalisierte trotz einzelner angespannter Momente Interesse an einer politischen Aushandlung der zukünftigen Beziehungen zwischen Kiew und Simferopol. Hinzu kam die interne Schwäche der pro-russischen Bewegung auf der Krim, die sich durch ihre wirtschaftspolitische Inkompetenz in den Augen der regionalen Bevölkerung rasch diskreditierte.

Angesichts der geschwächten internationalen Position Russlands und der internen Spannungen zwischen dem Zentrum

Moskau und zahlreichen Subjekten der Russländischen Föderation unterstützte der damalige russische Präsident Boris Jelzin die pro-russische Bewegung auf der Krim nicht und erkannte somit die Zugehörigkeit der Krim zur Ukraine an. Einzelne russische Politiker, darunter Nationalisten wie Wladimir Schirinowski und der Moskauer Bürgermeister Juri Luschkow, hatten den Separatismus lautstark unterstützt, aber ihre Positionen wurden nicht zur Regierungspolitik. Zu den Prioritäten in den bilateralen Beziehungen zur Ukraine gehörten in der Jelzin-Ära vor allem die Überführung der auf ukrainischem Territorium stationierten Atomwaffen, die Aufteilung der Schwarzmeerflotte, die zunächst unter ein Doppelkommando gestellt wurde, das in der Praxis eine Spaltung nach russischem bzw. ukrainischen Amtseid jedoch nicht stoppen konnte und die Möglichkeit einer Konfrontation mit sich brachte, sowie die weitere Nutzung des militärischen Stützpunktes in Sewastopol im Gegenzug für subventionierte Energielieferungen an die Ukraine. Angesichts der Tatsache, dass Jelzin die Souveränitätsbestrebungen auf der Ebene der Sowjetrepubliken, einschließlich der RSFSR, selbst unterstützt hatte, war er weder in der Lage noch willens, dieses Grundprinzip in Russland oder in der Ukraine nach dem Ende der Sowjetunion sofort in Frage zu stellen. Er konzentrierte sich zunächst auf die innenpolitischen Auseinandersetzungen über die innere Verfasstheit Russlands. Hierzu gehörte die Arbeit an der Verfassung, interne politische Auseinandersetzungen über den Reformkurs, der Jelzin in eine gewaltsame Konfrontation mit dem Parlament brachte, sowie ein komplexer Verhandlungsprozess über die Beziehungen zwischen Moskau und den Subjekten der Russländischen Föderation mit ihren unterschiedlichen politischen, wirtschaftlichen und kulturellen Ansprüchen. Der erste Tschetschenienkrieg ab 1994 band innenpolitische Ressourcen und war zugleich ein abschreckendes Beispiel für Kiew und Simferopol. Außenpolitisch war Russland in dieser Phase zwar der offizielle Nachfolgestaat der Sowjetunion, aber in seiner neuen Rolle noch nicht gefestigt, wirtschaftlich schwach und nicht zu einer neuen internationalen Projektion seiner militärischen Stärke in der Lage.

Parallel zur innerukrainischen Verfassungsgebung fanden zahlreiche russisch-ukrainische Verhandlungsrunden statt, die die Aufteilung der Schwarzmeerflotte und den Rahmen der bilateralen Beziehungen regeln sollten. 1992 hatten sowohl Präsident Krawtschuk als auch Jelzin per Dekret versucht, das Kommando über die Schwarzmeerflotte zu übernehmen, sich dann aber auf ein geteiltes Oberkommando bis zur endgültigen Aufteilung geeinigt. Die Flotte mit ihren Einrichtungen sollte je zur Hälfte an die Ukraine und Russland gehen; sukzessive «verkaufte» die Ukraine weitere Teile ihrer Hälfte an Russland, erwirkte jedoch, dass Russland den Stützpunkt Sewastopol nur zur Miete erhielt. 1997 wurde der lange verhandelte, auch als «Großer Vertrag» bezeichnete «Vertrag über Freundschaft, Kooperation und Partnerschaft» von Kutschma und Jelzin in Kiew unterzeichnet. Er trat 1999 nach der verzögerten Ratifizierung durch das russische Parlament in Kraft. Der Vertrag galt zunächst für 20 Jahre und war mit einer Verlängerungsoption versehen. Mit diesem Vertrag erkannten beide Seiten erneut gegenseitig ihre territoriale Integrität an – diese wurde 2003 in einem bilateralen Grenzvertrag und einem Abkommen über die gemeinsame Nutzung des Asowschen Meeres weiter abgesichert – und formulierten Absichtserklärungen in Bezug auf ihre Kooperation in sicherheitspolitischen und kulturellen Fragen. Russland verpflichtete sich zu Nutzungsgebühren für den Standort Sewastopol, die in der Praxis mit den ukrainischen Gasschulden verrechnet wurden. 2010 wurde der Vertrag neu verhandelt und dehnte den Zeitraum für die russische Nutzung des Flottenstützpunkts im Gegenzug für von Kiew dringend benötigten Preisnachlässe auf Gaslieferungen bis zum Jahr 2042 aus. Diese Neuverhandlung war politisch kontrovers, da die ukrainische Exekutive die Diskussion bewusst begrenzt hatte und sie für verschiedene Fraktionen im Parlament und für Teile der Gesellschaft zu weit in Richtung einer permanenten Stationierung ausländischer Truppen auf ukrainischem Gebiet ging.

Auch wenn das Konfliktpotenzial um die Aufteilung der Schwarzmeerflotte und den institutionellen Status der Krim entschärft wurde, so blieben andere Herausforderungen bestehen, insbesondere die Integration der Krimtataren und die wirtschaftliche und infrastrukturelle Entwicklung der Halbinsel. Politisch wurde die Region ab 1998 rasch zu einem festen Bestandteil des Südostens der Ukraine. Die Krim-Bevölkerung beteiligte sich regelmäßig an den regionalen und nationalen Wahlen und fand sich in den im Süden und Osten des Landes dominierenden Bewegungen und Parteien wieder. Neue separatistische Bewegungen gab es vor 2014 weder auf der Krim noch im Osten der Ukraine, obwohl dies in der offiziellen russischen Staatsrhetorik heute anders dargestellt wird.

Die historisch bedingte regionale Vielfalt ist eines der Hauptmerkmale des ukrainischen Staates. In ihr spiegeln sich zahlreiche (post)imperiale Verflechtungen, so zum Beispiel auf der Ebene der wirtschaftlichen Beziehungen oder persönlichen Kontakte. Die regionale Vielfalt und ihre politische Relevanz sind häufig missverstanden worden. Dort, wo die Ukraine überhaupt in der öffentlichen Debatte präsent war, erschien sie als ein anhand von kulturellen Merkmalen in Ost und West gespaltenes Land. Ein komplexeres Bild regionaler Diversität wurde hier oft auf ethnische und sprachliche Unterschiede zwischen «Ukrainern» und «Ukrainerinnen» und «Russen» und «Russinnen» bzw. zwischen ukrainischsprachigen und russischsprachigen ukrainischen Staatsbürgern und Staatsbürgerinnen reduziert. Insgesamt sind die weit über eine Zweiteilung des Landes hinausgehenden regionalen Unterschiede und die sich mit ihnen verbindenden Identitäten und Interessen diffuser, durchlässiger und weniger konfliktbehaftet als von außen betrachtet angenommen.

Über die offizielle administrative Gliederung der Ukraine in 24 Regionen *(Oblasti)*, die Autonome Republik der Krim und der Städte Kiew und Sewastopol hinaus existieren unterschiedliche regionale Klassifizierungen. Ein weit verbreiteter Standard ist die Unterscheidung zwischen vier «Makroregionen» in Umfragen: Westen, Zentralukraine, Süden und Osten. Weitere Unterscheidungen innerhalb der Makroregionen können jedoch sinnvoll sein, so z. B. zwischen ländlichen und urbanen bzw. industriellen Standorten im Süden oder Osten des Landes. Je nach

Fragestellung haben auch nördliche Regionen eine sichtbare Rolle gespielt, obwohl sie bisher nur selten separat hervorgehoben werden.

Grenzregionen innerhalb der Makroregionen bzw. Makroregionen verbindende Grenzregionen sind wiederum durch eigene Dynamiken gekennzeichnet. Die Westgrenze der Ukraine ist eine EU-Außengrenze. Die EU regelt hier die Mobilität der Bevölkerung und schränkt sie im Vergleich zur Situation vor der EU-Osterweiterung ein. Im Süden hat die Krim-Annexion 2014 selbst die persönlichen Beziehungen der Menschen zwischen der Krim und den angrenzenden *Oblasti* auf ein Minimum reduziert. Darüber hinaus grenzt die Ukraine an den De-facto Staat Transnistrien, der sich mit Russlands Unterstützung 1992 gegen die moldauische Nationalbewegung stellte, die den Status der Region mit ihren kulturellen, wirtschaftlichen und sicherheitspolitischen Besonderheiten nicht anerkannte. Seitdem unterhält Transnistrien ein komplexes Beziehungsgeflecht sowohl nach Russland als auch zum Rest des moldauischen Staats. In Transnistrien steht seit dem Ende der Sowjetunion ein russisches Truppenkontingent. Bisher wurde diese Grenze für die Ukraine vor allem durch illegalen Handel zum Problem, nicht wegen einer militärischen Bedrohung. Vor dem Hintergrund des russischen Angriffskrieges auf die gesamte Ukraine ändert sich diese Konstellation. Russland könnte versuchen, Transnistrien als Stützpunkt zu nutzen bzw. einen Korridor durch die Ukraine bis nach Transnistrien zu erobern. Im Osten war die über 2000 Kilometer lange ukrainisch-russische Grenze lange Zeit durchlässig. Mit dem Donbas-Krieg seit 2014 wurde sie zu einem massiven sicherheitspolitischen Risiko für die Ukraine und für Europa. Die im Minsker Abkommen verhandelte Waffenstillstandslinie («Kontaktlinie») trennte seit 2014 den Donbas in zwei Teile und versperrte der Ukraine so den Zugang zur eigentlichen Staatsgrenze.

Regionen sind ein wichtiger Bestandteil der ukrainischen Politik. Doch die politischen Präferenzen der Bevölkerung sind nicht durch ethnische, linguistische oder sozioökonomische Charakteristika der Regionen vorherbestimmt. Sie bleiben flexibel und können je nach Kontext einheitlicher oder diverser ausfallen. In der Westukraine spielten in der Zeit nach dem Zusammenbruch der Sowjetunion mit der ukrainischen Nationalbewegung verbundene Parteien und Ideen eine wichtige Rolle, während im Osten der Ukraine eher sozioökonomische Faktoren lokale Identitäten und Wahlergebnisse prägten. Regionen funktionieren in der Ukraine nicht als monolithische Akteure, und die Interessen von politischen und wirtschaftlichen Eliten variieren meist sowohl in als auch zwischen den Regionen.

Seit der Unabhängigkeit der Ukraine hatte das Wahlverhalten der ukrainischen Bevölkerung – mit Ausnahme der Präsidentschaftswahl 2019, aus der Wolodymyr Selenskyj als eindeutiger Sieger hervorging – deutliche regionale Muster gezeigt. Diese spiegelten unterschiedliche politische Präferenzen und gesellschaftliche Sorgen, u. a. in Bezug auf politische und wirtschaftliche Reformen, Beziehungen zur NATO, zur EU oder zur von Russland dominierten Eurasischen Wirtschaftsunion (bzw. ihr vorangegangenen wirtschaftlichen Integrationsversuchen). Sie ließen sich jedoch nicht auf diese Themen reduzieren und stellten die staatliche ukrainische Unabhängigkeit nicht in Frage. Im wiederholten zweiten Wahlgang im Kontext der Orangenen Revolution von 2004 wurde diese elektorale Spaltung besonders deutlich: 16 aneinandergrenzende *Oblasti* in der West- und Zentralukraine und Kiew wählten den «orangenen» Kandidaten Wiktor Juschtschenko, während 9 benachbarte *Oblasti* im Süden und Osten sowie Sewastopol für den «blauen» Kandidaten Wiktor Janukowitsch stimmten. Insbesondere der Osten und Süden der Ukraine wurde in Wahlen auf der nationalen Ebene bis 2019 von jeweils ein bis zwei Parteien dominiert, die ein Konglomerat aus wirtschaftlichen Interessen einflussreicher regionaler Oligarchen repräsentierten. Unter Präsident Wiktor Janukowitsch – vor dem Euromaidan 2013–14 – war dies die Partei der Regionen, die sich in den Oppositionsblock verwandelte, von dem sich wiederum die «Oppositionsplattform – Für das Leben» als dominante Kraft abspaltete.

Diese Parteien thematisierten regelmäßig den Status der russischen Sprache auf regionaler oder nationaler Ebene und die soziökonomischen Sorgen der Bevölkerung. Sie sind nicht mit dem Begriff «pro-russisch» zu fassen, obwohl sie in der westlichen Debatte bis heute fast immer so bezeichnet werden und dieses Adjektiv auch in der ukrainischen Politik als Mittel zum Zweck diente. Insbesondere seit dem Krieg im Donbas, aber auch im Zuge der engeren wirtschaftlichen Beziehungen zur EU haben einige Oligarchen ihre wirtschaftlichen Beziehungen pragmatisch in verschiedene Richtungen ausgerichtet. Die kulturellen Fragen, wie z. B. die Sprachenpolitik, sind für diese Interessengruppen vor allem politische Instrumente. Das Adjektiv «pro-russisch» legt einen Akzent auf Fragen der ethnischen Identität bzw. der Sprachpraxis, obgleich diese Identitäten in Wahlen eine sekundäre Rolle spielten.

Das Parteienspektrum in anderen Regionen blieb über einen längeren Zeitraum vielfältiger als im Osten und Süden des Landes. In den Kommunalwahlen hat sich die regionale Spaltung insbesondere seit 2015 zugunsten eines bunteren parteipolitischen Bildes verändert. Auch wenn der Oppositionsblock bzw. die «Oppositionsplattform – Für das Leben» in vielen Kommunen im Süden und Osten des Landes die stärkste Kraft in den Lokalversammlungen blieb, so standen knapp dahinter oftmals Parteien, die traditionell in der West- oder Zentralukraine verortet waren. Dieser Trend setzte sich in den Kommunalwahlen von 2020 fort und führt – verstärkt durch die neuen Anreize durch die Dezentralisierungsreformen – zu neuen Interaktionen, die die scheinbar festen regionalen Trennlinien von unten zu hinterfragen beginnen.

Auch wenn die Bezeichnungen «pro-russisch» und «pro-westlich» bei Parteien und Präsidentschaftskandidaten und -kandidatinnen schon immer zu kurz griffen, gab es doch regionale Unterschiede in der außenpolitischen Orientierung der einflussreichsten Parteien und ihrer Wähler und Wählerinnen. Diese regionalen Unterschiede sind mit der Zeit geringer geworden. Der Euromaidan und die auf ihn folgende Politik, die die Integration in die EU und NATO zum Staatsziel erklärte, und Russlands Krieg seit 2014 haben engere Beziehungen zur EU – in Umfragen oftmals abgefragt als Unterstützung für den EU-Beitritt in einem Referendum – zu einem regionenübergreifenden Konsens gemacht. Bis Ende 2019 sprachen sich einer Reihe vergleichbarer Umfragen zufolge etwa 60 Prozent in der gesamten Ukraine für den Beitritt zur EU aus (im Laufe des Jahres war der Zuspruch um ca. 10 Prozent gestiegen). Im Osten und Süden des Landes lag der Zuspruch Ende 2019 bei 30 bzw. 40 Prozent. Im Vergleich standen Ende 2019 insgesamt nur etwa 10–15 Prozent der Integration in die Eurasische Wirtschaftsunion positiv gegenüber (Anfang des Jahres noch knapp 25 Prozent, im Osten und Süden etwa 35 Prozent). Kurz vor Russlands Angriff auf die gesamte Ukraine lag die Zustimmung zur EU-Integration bei 67 Prozent (KIIS Dezember 2021). Selbst im Südosten sprachen sich 54 Prozent dafür aus, verglichen mit 76 Prozent im Westen und in der Zentralukraine insgesamt. Engere Beziehungen zur NATO waren lange Zeit ein kontroverseres Thema als die Annäherung an die EU. Die alternative Vorstellung einer neutralen Ukraine wurde durch Russlands Krieg unattraktiv. Seit Kriegsbeginn 2014 war der Zuspruch für eine NATO-Mitgliedschaft der Ukraine vor allem im Südosten des Landes deutlich gestiegen. In Selenskyjs Heimatregion Dnipropetrowsk war der Anstieg besonders signifikant. Ende Dezember 2021 hielten sich in dieser Frage im Südosten Zuspruch und Ablehnung mit etwa 40 Prozent die Waage, während die Zustimmung in der Westukraine bei etwa 70 Prozent lag und insgesamt etwa 59 Prozent der ukrainischen Bevölkerung für eine Integration in die NATO Position bezogen (KIIS Dezember 2021).

Auch wenn Themen wie die Förderung der ukrainischen Sprache in Schulen und im Alltagsgebrauch sowie der Status der russischen Sprache in Präsidentschaftswahlen je nach Herkunft und parteipolitischer Anbindung der Kandidaten und Kandidatinnen regelmäßig eine Rolle spielten, so musste jeder ukrainische Präsident die unterschiedlichen Interessen und Identitäten im Land ausbalancieren. Auf diese Weise kann Diversität auch potentiell destabilisierende Politikansätze einhegen. Lange Zeit wurde der Sprachgebrauch über die verfassungsrechtliche Verankerung als Staatssprache hinaus nicht gesetzlich geregelt. 2012 wurde unter Präsident Janukowitsch ein Sprachengesetz verabschiedet, das auf regionaler und lokaler Ebene die Möglichkeit schuf, bei einer Minderheit von über 10 Prozent den Status einer Regionalsprache anzuerkennen. Einige Regional- und Gemeinderäte machten von dieser Option Gebrauch. Neben der russischen Sprache im Südosten der Ukraine, traf diese Regelung auch auf Ungarisch, Moldauisch und Rumänisch in den westlichen Grenzregionen zu. Es kam zu Protesten gegen das Gesetz, das nach dem Euromaidan zunächst ausgesetzt wurde, dann aber wieder in Kraft trat und erst 2018 vom Verfassungsgericht gekippt wurde. An seine Stelle trat 2019 ein noch unter Präsident Petro Poroschenko, dem Vorgänger Selenskyjs, ausgearbeitetes neues Sprachengesetz, das in allen Staatsämtern und im öffentlichen Sektor, einschließlich dem Bildungs- und Gesundheitssektor, den Gebrauch der ukrainischen Sprache festschrieb. Darüber hinaus zielte das Gesetz auch darauf ab, die Präsenz des Ukrainischen in den Medien, auf dem Buchmarkt, in der Industrie und im Dienstleistungssektor zu verstärken, ohne den Gebrauch des Russischen jedoch zu verbieten.

Die Präsidentschaftswahl 2019 war die erste Wahl auf nationaler Ebene, die die regionale Spaltung aufhob und einen Wahlkonsens generierte. Im zweiten Wahlgang konnte Selenskyj – bis auf eine Ausnahme im westukrainischen Galizien – gegen den Amtsinhaber Poroschenko eine deutliche Mehrheit erzielen. Selenskyj hatte es bewusst vermieden, ein konkretes Wahlprogramm zu formulieren, vermochte es jedoch, die Stimmung in der Gesellschaft besser zu lesen als sein politikerfahrener Rivale. Er benannte Korruptionsbekämpfung und Frieden als seine übergeordneten Ziele. Selenskyj stammt aus Kriwij Rih, einer Stadt in der Region Dnipropetrowsk, sprach im Wahlkampf noch fast ausschließlich Russisch und thematisierte bewusst die sprachliche, ethnische und regionale Vielfalt der Ukraine. Seine inklusive Botschaft richtete sich an alle Staatsbürger und Staatsbürgerinnen der Ukraine, einschließlich derjenigen auf der Krim und in den zu dem Zeitpunkt nicht von Kiew kontrollierten Gebieten des Donbas. Der Gegensatz zu Amtsinhaber Poroschenko mit seinem Wahlslogan «Armee, Sprache, Glauben», der die ukrainische Identität im Kriegskontext bewusst verengte und auf die ukrainische Sprache sowie die neue, vom Moskauer Patriarchat unabhängige Ukrainische Orthodoxe Kirche bezog, hätte nicht größer sein können. Darüber hinaus stand Poroschenkos Politik für den Abbruch wirtschaftlicher und infrastruktureller Verbindungen zum nicht von Kiew kontrollierten Donbas und zur Krim.

In seiner im ganzen Land bekannten Fernsehserie «Diener des Volkes» hatte Selenskyj vor seinem Wechsel in die Politik einen Lehrer gespielt, der unverhofft Präsident wird und versucht, dem korrupten System eine bürgernahe Politik entgegenzusetzen. Selenskyjs mangelnde politische Erfahrung ist immer wieder von seinen innenpolitischen Gegnern und in der internationalen Berichterstattung betont worden. Unterschätzt wurde dabei jedoch welchen tiefen Einblick in das lokale Stimmungsbild verschiedener Landesteile er mit seiner Arbeit als Schauspieler, Produzent und Miteigentümer einer Produktionsfirma gewinnen konnte. Diese Erfahrung und das daraus resultierende Gespür für die gesellschaftliche Stimmung sind ein nicht zu unterschätzender Teil seines Wahlerfolgs und letztendlich auch seiner Authentizität als der Präsident in Kriegszeiten, der in Kiew blieb und sich täglich an sein Volk und die internationale Öffentlichkeit wendet. Seine Wahl 2019 und die absolute Mehrheit für seine neue Partei «Diener des Volkes» in vorgezogenen Parlamentswahlen im Sommer 2019 zeigten neben der Frustration der Bevölkerung über schleppende Reformen, Korruption und Krieg, dass die Gesellschaft in ihrer Identität bereits offener und geeinter hinter dem ukrainischen Staat stand, als es die politische Rhetorik oftmals vermuten ließ.

Der Begriff «nationale Identität» klingt groß und abstrakt zugleich und wird im (post-)kolonialen Blick auf Osteuropa meistens auf ethnische Kriterien verkürzt. Identitäten sind jedoch kein statisches Phänomen. In der Praxis heißt dies, dass jeder Mensch verschiedene Identitäten gleichzeitig hat. Je nach Kontext können unterschiedliche Identitäten für einzelne Menschen oder eine Gemeinschaft von größerer Bedeutung sein und andere überlagern. So war die Priorisierung einer nationalen Identität in der Westukraine, z. B. in Galizien, historisch eine Konstante, während im Osten, z. B. im Donbas, sozioökonomische und regionale Identitäten präsenter waren. Diese Dimensionen haben sich mit der Zeit neu geordnet. In den Geistes- und Sozialwissenschaften wird unter dem Begriff «nationale Identität» zwischen ethnischen und staatszentrierten Identitäten unterschieden (die englischen Begriffe *ethnic/civic identity* drücken diesen Unterschied prägnanter aus). Eine Fokussierung auf ethnische Kriterien ist im Kern exklusiv und definiert kulturelle Grenzen zwischen Individuen und Gruppen, während eine am Staat und am Prinzip der Staatsbürgerschaft festgemachte Identität vom Ansatz her inklusiver ist und den Akzent auf die aktive Beteiligung am Staatswesen legt. Auf Staatsebene und auf der Ebene von Individuen können Identitäten zwischen beiden Polen oszillieren.

Identitäten werden oft von außen zugeschrieben, sind jedoch empirisch nicht einfach zu erfassen. Menschen beschreiben ihre Identität häufig nicht mit den von der Wissenschaft verwendeten Begriffen. Meinungsumfragen stilisieren Identitäten und können die Befragten in für sie künstliche Kategorien aufteilen, insbesondere wenn es keine Möglichkeiten gibt, mehrere Identitäten in einer persönlichen Rangliste oder als gemischte Identitäten anzugeben. Somit hängt unser Bild von Diversität in der Ukraine stark von der jeweiligen empirischen Grundlage ab. Während der letzte offizielle Zensus in der Ukraine (2001) die Befragten noch zu einer Entscheidung zwischen ukrainischer und russischer Nationalität zwang, erlauben viele Umfragen heute durch zusätzliche gemischte Kategorien (z. B. «russische und ukrainische Nationalität» «Ukrainisch und Russisch als Muttersprache») mehr Flexibilität. Der Eindruck einer gespaltenen Gesellschaft geht somit auch auf dichotomisierende Kategorien zurück, die das reale Bild verzerren.

Der Begriff «Nationalität» (*natsional'nist'*) war in der sowjetischen Praxis die Kategorie, die der ethnischen Herkunft am nächsten kam und von der Elterngeneration abgeleitet wurde. Im letzten offiziellen Zensus von 2001 gaben 77,8 Prozent ihre Nationalität als ukrainisch und 17,3 Prozent als russisch an. Insgesamt benannten 67,5 Prozent Ukrainisch als ihre Muttersprache und 29,6 Prozent Russisch. Im Vergleich zur letzten sowjetischen Volkszählung aus dem Jahr 1989 ging der Trend bereits in Richtung der ukrainischen Antwortkategorien. Mit der Zeit hat sich dieser Trend noch verstärkt, und die Zahl derer, die Russisch als Muttersprache benennen, lag bis Ende 2021 in der Regel zwischen 10 und 20 Prozent. Der Begriff «Nationalität» wird bis heute regelmäßig in Befragungen eingesetzt, aber die Interpretation ist mit der Zeit ambivalenter geworden: Aus Fokusgruppendiskussionen, Einzelinterviews und Umfrageexperimenten mit verschiedenen Antwortkategorien wissen wir, dass die Bedeutung von «Nationalität» sich verschoben hat und inzwischen ethnische und staatszentrierte Interpretationen verbindet. Eine Gleichsetzung von «Nationalität» mit ethnischer Identität ist somit problematisch. Auch die Übersetzung des Begriffs *national'nist'* ins Deutsche oder Englische ist ungenau. Die fehlende Trennschärfe der Begrifflichkeiten hat unmittelbare Auswirkungen auf unser Verständnis komplexer Identitäten.

Ähnlich problematisch ist die Standardkategorie «Muttersprache». Diese Kategorie ist, wie Befragungen über längere Zeiträume zeigen, in erster Linie eine symbolische Kategorie und somit eng mit dem Identitätsverständnis der Befragten verknüpft. Anders als in staatlichen Volksbefragungen wurde in Meinungsumfragen zunehmend zwischen Muttersprache und alltäglicher Sprachpraxis unterschieden, wobei Antworten auf beide Fragen bilinguale Antwortkategorien erfordern. In Umfragen mit dieser Option identifizierte sich in den letzten fünf Jahren etwa ein Fünftel der Bevölkerung mit verschiedenen Abstufungen von ukrainisch-russischer Bilingualität als russische «Muttersprachler». Hier wird eine kontextabhängige Bandbreite von passiver bis aktiver Bilingualität greifbar, die außerhalb der Ukraine bisher kaum wahrgenommen wurde und im Alltag nicht so konfliktbehaftet ist wie oft angenommen. Darüber hinaus sind Sprachidentität bzw. -praxis und ethnische Kriterien nicht deckungsgleich. Über die drei Jahrzehnte der Unabhängigkeit ist eine neue Generation mit der ukrainischen Sprache sozialisiert worden, ohne dass die russische Sprache aus dem Alltag im Süden und Osten des Landes oder der Hauptstadt Kiew verdrängt wurde. Manche wechseln zwischen Russisch im Familienalltag und Ukrainisch im Schul- oder Arbeitskontext hin und her, andere sprechen konsequent eine der beiden Sprachen, unabhängig davon, ob ihr Gegenüber Ukrainisch oder Russisch spricht. Und wiederum andere treffen eine bewusste Entscheidung, in ihrem Alltag mehr Ukrainisch zu sprechen. Es gibt erste Anzeichen, dass der Krieg diesen Effekt verstärkt, obgleich in der jetzigen Situation auch sehr deutlich wird, dass die Identifikation mit dem ukrainischen Staat und der Widerstand gegen die russische Invasion nichts mit der gesprochenen Sprache zu tun haben. Hier vollzieht sich vor unseren Augen nicht die plötzliche «Geburt der ukrainischen Nation», wie oftmals behauptet, sondern die Fortsetzung eines Trends, der seit vielen Jahren empirisch gut dokumentiert ist und sich seit Beginn des russischen Krieges gegen die Ukraine 2014 weiter verstärkt hat. Die Bedeutung einer inklusiven, an den ukrainischen Staat in seinem Territorium von 1991 gekoppelten Identität ist beständig gewachsen und seit mehreren Jahren die dominante Identitätskategorie in soziologischen Umfragen verschiedener Meinungsforschungsinstitute. Die genaue Abgrenzung von anderen Identitäten bleibt unscharf, aber der Trend ist unbestritten. Er drückt Zugehörigkeit zu einem von Diversität geprägten Staat aus, der sich in seiner politischen Entwicklung immer stärker bewusst von Russland abgegrenzt hat.

3. Protest und Transformation

Die Geschichte einer Transformation lässt sich auf unterschiedliche Weise erzählen. Häufig stehen dabei Institutionen, Eliten und Wahldynamiken im Vordergrund. In der Ukraine bietet der enge Zusammenhang von Protest und Transformation einen alternativen Einstieg, der die Gesellschaft zur Hauptfigur macht. Die Transformation der Ukraine seit 1991 ist durch mehrfache Zyklen von Massenprotesten gekennzeichnet. Momente der Massenmobilisierung sind generell selten; umso bedeutender ist eine Ballung solcher Momente. Mit ihnen verbinden sich Hoffnungen und Enttäuschungen, persönliche Erfahrungen mit politischer Teilhabe und aktivistische Netzwerke, die oftmals den Moment der Proteste überdauern. Ein Massenprotest macht die nächste Protestwelle wahrscheinlicher, insbesondere wenn die Regierung politische Opposition nicht systematisch unterdrückt. Diese Wahrscheinlichkeit ist jedoch nicht dasselbe wie eine genaue Vorhersage zukünftiger Proteste, und auch eine erhöhte Wahrscheinlichkeit sagt wenig über den genauen Zeitpunkt, an dem sich Unmut in breiter gesellschaftlicher Mobilisierung entlädt. Selbst eine schwere wirtschaftliche Krise führt nicht automatisch zu Massenprotesten, sondern braucht einen Auslöser, der Teile der Gesellschaft mobilisiert. Mitunter wirkt der eigentliche Auslöser willkürlich, da es viele ähnliche Momente bereits zuvor gegeben hat bzw. vergleichbare Momente dieselbe Kraft hätten entfalten können. Häufig hängt der Auslöser auch mit einem politischen Fehler der Regierung zusammen, die die Reaktion der Gesellschaft unterschätzt. Massenproteste sind heutzutage ein überwiegend urbanes Phänomen. Ihre Forderungen nach Veränderung konzentrieren sich meist auf einen Machtwechsel an der Spitze des politischen Systems, obwohl dieser Reformen oftmals nur begrenzt umzusetzen vermag. Über ihren unmittelbaren politischen Effekt hinaus prägen

Momente der Massenmobilisierung die Gesellschaft, so z.B. das Interesse für Politik, Erwartungshorizonte, politisches und soziales Engagement sowie persönliche und organisatorische Netzwerke.

In der Gorbatschow-Ära gehörte die Ukraine zu den Sowjetrepubliken, in denen Menschen für Reformen und Unabhängigkeit auf die Straße gingen. Die Tschernobyl-Reaktorkatastrophe 1986 und der Versuch der sowjetischen Führung, das Ausmaß des Unfalls zu vertuschen, setzte Protestbereitschaft frei und stärkte die Unabhängigkeitsbewegung. Im Januar 1990 bildeten etwa drei Millionen Menschen eine Kette von Lwiw nach Kiew. Sie knüpften dabei an die Menschenkette «Baltischer Weg» an, die sich bereits im August 1989 durch Estland, Lettland und Litauen gezogen hatte und dem Drang nach Unabhängigkeit Ausdruck verliehen hatte. Die von der ukrainischen Studierendenbewegung getragene «Revolution auf Granit» im Frühjahr 1990 war der erste große Protest auf dem zentralen Platz in Kiew, der damals noch nach der Oktoberrevolution benannt war und heute als Platz der Unabhängigkeit *(Maidan Nesaleschnosti)* bekannt ist. Er prägte eine Protestkultur, zu der ein Zeltlager und eine künstlerische Ästhetik gehörten, die in späteren Protesten aufgenommen und weiterentwickelt wurden. Parallel zu den Protesten und Hungerstreiks der Studierenden nahmen Zehntausende von Menschen an Solidaritätsmärschen und nationalen Streikbewegungen teil. Nach zwei Wochen trat der amtierende Vorsitzende des Ministerrats der Ukrainischen SSR, Witalij Massol, zurück. Die Protestierenden forderten darüber hinaus neue Parlamentswahlen, eine Garantie, dass Ukrainer nur mit ihrer Zustimmung ihren Militärdienst außerhalb der Ukrainischen SSR absolvieren mussten, die Gründung einer Kommission für die Nationalisierung des Besitztums der Kommunistischen Partei der UdSSR und der Jugendorganisation Komsomol auf dem Territorium der Ukrainischen SSR sowie die Nichtunterzeichnung des neuen Unionsvertrags durch Gorbatschow, der die Sowjetunion ohne die baltischen Staaten in eine Art Konföderation zu überführen hoffte.

Die letzte Regierung der Ukrainischen Sowjetrepublik bereitete die Bevölkerung gezielt auf die Unabhängigkeit vor und legitimierte diese. Das Referendum am 1. Dezember mit seinem gesamtgesellschaftlichen Mehrheitsvotum hatte eine mobilisierende Wirkung und schuf einen gemeinsamen Referenzpunkt für die Zeit danach. Das politische System der Ukraine oszillierte zwischen 1991 und 2013 auf der Skala politischer Systeme zwischen einer nicht konsolidierten Demokratie und Ausprägungen des Semi-Autoritarismus. Die Vollmachten von Exekutive und Legislative blieben lange Zeit umstritten, und die Verfassung von 1996 verankerte einen Kompromiss, der in seiner bewussten Ungenauigkeit weitere institutionelle Konflikte bedingte. Die Dekretvollmachten des Präsidenten, die ungenaue Aufgabenverteilung zwischen Präsident und Regierung und die Schwäche des Parlaments gegenüber der Exekutive behinderten die Transformation der Ukraine und ermöglichten oligarchischen Interessen weitreichenden politischen Einfluss. So wurde zum Beispiel die Energieabhängigkeit von Russland ein lukratives Geschäft für ukrainische Wirtschaftseliten. Unter Präsident Leonid Kutschma (1994–2004) näherte sich das politische System immer mehr dem Typus des «kompetitiven Autoritarismus» an. Dieser von den Politikwissenschaftlern Steven Levitsky und Lucan Way geprägte Begriff lenkt die Aufmerksamkeit darauf, dass autoritäre Systeme von Demokratien lernen und bewusst Teilelemente kopieren, um sie flexibel für den eigenen Systemerhalt einzusetzen. Kompetitive, aber dennoch unfreie und unfaire Wahlen sind das Markenzeichen dieser Systeme. Es gelten somit nicht dieselben Spielregeln für alle, aber zu den Wahlen werden vermeintlich kontrollierbare Alternativen zugelassen. Daraus ergibt sich zumindest ein Restrisiko für die Machthabenden. Dieses Risiko kann sich bei ersichtlicher Wahlmanipulation zu einer Massenmobilisierung gegen den gefälschten Ausgang einer Wahl bzw. gegen die Repressionen im Nachgang einer Wahl ausweiten. Die Orangene Revolution von 2004 veranschaulicht diesen Trend am deutlichsten. Am Beispiel der Ukraine lässt sich nachvollziehen, wie Protestwellen entstehen, wie sie über Personen und Ideen verknüpft sind und aufeinander aufbauen und wie sie die Gesellschaft langfristig prägen.

Zu den größten Protestwellen, die Netzwerke, politische Koalitionen sowie Erwartungen und Ansprüche ausbauten, gehörte der «Ukraine ohne Kutschma»-Protest. Dieser richtete sich gegen den zunehmend autoritär regierenden Präsidenten Leonid Kutschma. Ende November 2000 machte Oleksandr Moroz, der Vorsitzende der Sozialistischen Partei, im Parlament *(Werchowna Rada)* eine Audioaufnahme öffentlich, die Hinweise darauf lieferte, dass Kutschma selbst den Mord an dem investigativen Journalisten Georgiy Gongadze angeordnet hatte. «Kutschmagate» wurde zum Auslöser von Straßenprotesten, auf denen der Rücktritt des Präsidenten gefordert wurde. Das Protestzeltlager blieb knapp zwei Wochen auf dem Maidan, dann wurde den Protestierenden kurz vor Silvester der Zugang zum Platz versperrt. Mitte Januar 2001 folgte die zweite Phase der «Ukraine ohne Kutschma»-Proteste. Zahlenmäßig war dies der bisher größte Protest mit über 100 000 Menschen, die gegen das korrupte politische System und die Vernachlässigung ihrer sozioökonomischen Bedürfnisse aufbegehrten. Der Innenminister und der Chef des Sicherheitsdienstes traten zurück, während Kutschma sich im Amt halten konnte. Zumindest sah er sich aber nicht mehr in der Lage, sein umstrittenes Referendum aus dem Vorjahr umzusetzen, das ihm eine verlängerte Amtszeit ermöglichen sollte. Die aufgestaute gesellschaftliche Unzufriedenheit entlud sich bei der nächsten Gelegenheit, die sich im Zusammenhang mit den nächsten regulären Wahlen im Herbst 2004 bot.

Die manipulierten Präsidentschaftswahlen im Oktober/November 2004, mit denen Kutschma seinen handverlesenen Nachfolger Wiktor Janukowitsch ins Amt hieven und seine persönliche Immunität absichern wollte, wurden von der Bevölkerung nicht mitgetragen. Was folgte, war eine der größten «Farbrevolutionen» – die Orangene Revolution, benannt nach der allgegenwärtigen Farbe der Proteste. Der Begriff «Farbrevolutionen» ist eine Sammelbezeichnung für die nach Farben und Blumen benannten Massenproteste, die sich in den 2000er und 2010er Jahren in Osteuropa, dem Nahen Osten und Asien ereigneten. Sie waren über ihre Ideen, Praktiken und teilweise über ihre aktivistischen Netzwerke miteinander verknüpft. Das Momentum dieser Proteste bewirkte in vielen Fällen einen Regierungswechsel oder Neuwahlen, doch die politischen Veränderungen blieben oftmals begrenzt oder wurden rückgängig gemacht. In Russland wurden die Farbrevolutionen, darunter auch die Orangene Revolution, als vom Westen, vor allem den USA, gesteuerte Umsturzversuche wahrgenommen. Auch in der westlichen Berichterstattung und Debatte ist die Balance zwischen internen und externen Akteuren kontrovers diskutiert worden. Die Tatsache, dass Demokratieförderung von außen über einen langen Zeitraum erfolgte, die Massenproteste aber nur zu bestimmten Zeitpunkten stattfanden, hebt die Bedeutung interner gesellschaftlicher und politischer Dynamiken hervor, die letztendlich den Unterschied ausmachten. Die vergleichende Analyse der Farbrevolutionen zeigt, dass sie interne bzw. regionale Voraussetzungen benötigen, um ihre Wirkung zu entfalten. Demokratieförderung – bzw. Autoritarismusförderung – ist daher als eine Art Verstärker unter den richtigen innenpolitischen Bedingungen zu verstehen. Sowohl Oppositionskandidat Wiktor Juschtschenko als auch Kutschma-Favorit Janukowitsch erhielten 2004 finanzielle Unterstützung aus dem Ausland, der eine aus dem Westen, der andere aus Russland.

Die Orangene Revolution entzündete sich an der Stichwahl zwischen dem eng mit Kutschma und seinen Interessengruppen aus dem Südosten der Ukraine kooperierenden Ministerpräsidenten Janukowitsch und dem Oppositionskandidaten Juschtschenko von der Partei «Unsere Ukraine» *(Nascha Ukraina)*. Laut dem offiziellen Wahlergebnis nach der ersten Runde hatte Juschtschenko 39,87 Prozent der Stimmen erreicht und Janukowitsch 39,32 Prozent. Schon dieses Ergebnis wurde weithin angezweifelt. Als Janukowitsch aus der Stichwahl mit angeblich drei Prozentpunkten Vorsprung als Sieger hervorging, obwohl unabhängige Nachbefragungen am Wahltag einen deutlichen Vorsprung für Juschtschenko vorausgesagt hatten, bauten sich rasch Proteste auf. Die Oppositionsbewegung «Es wird Zeit»

(Pora) kooperierte eng mit der parteipolitischen Opposition, die verschiedene politische Lager vereinte. Gemeinsam ermöglichten und koordinierten sie eine Massenmobilisierung, die zu ihrem Höhepunkt in Kiew an einem Tag etwa 500 000 Menschen versammelte. Das Oberste Gericht reagierte auf diese Proteste mit der Entscheidung, die Stichwahl zu wiederholen. Bei der Wahlwiederholung am 26. Dezember 2004 erreichte Juschtschenko eine deutliche Mehrheit. Die geeinte Opposition, die ihm zum Sieg verholfen hatte, zerfiel im politischen Alltag jedoch rasch und die zunehmend dysfunktionale Rivalität zwischen Juschtschenko und Julia Tymoschenko als Ministerpräsidentin verzögerte geplante Reformen und enttäuschte die mit der Orangenen Revolution verbundenen Hoffnungen großer Teile der Bevölkerung.

Seit der Orangenen Revolution war die Annäherung an die EU ein klar formuliertes Ziel ukrainischer Außen- und Innenpolitik. Die EU sah sich mehrmals unter Zugzwang, auf die Proteste und Reformbestrebungen der Ukraine zu reagieren. Innerhalb der Europäischen Nachbarschaftspolitik wurde die Kooperation mit der Ukraine nach 2004 besonders hervorgehoben. Schrittweise entwickelte die EU diese weiter. Ab 2009 wurde sie mit der Östlichen Partnerschaft mit dem Ziel der Annäherung für insgesamt sechs Staaten neu aufgestellt. Mit der Ukraine wurde seitdem an einem Assoziierungsabkommen gearbeitet. In diesem sollte es um Wirtschafts- und Handelsbeziehungen – u. a. in der Form einer Freihandelszone – gehen, aber auch um eine engere Kooperation in der Außenpolitik und im Justizsektor. Eine Perspektive auf Mitgliedschaft verband sich mit ihm nicht, obwohl viele es in der Ukraine so lesen wollten.

Die Orangene Revolution hatte Janukowitsch, den von Kutschma und Russland favorisierten und aktiv unterstützten Kandidaten, diskreditiert. Dennoch gelang ihm vor dem Hintergrund der zerstrittenen «orangenen» Regierung und der einflussreichen wirtschaftlichen Interessen, die ihn stützten, ein politisches Comeback: 2006 wurde er mit Juschtschenkos Unterstützung zum Ministerpräsidenten ernannt. Damit legte er die Grundlage für seinen zweiten Anlauf auf das Präsidentenamt.

Er gewann die Präsidentschaftswahl 2010 gegen Julia Tymoschenko nur knapp und versuchte während seiner Präsidentschaft immer wieder, mit ihr abzurechnen, bis hin zu ihrer Verhaftung, die ihr sogar den Zugang zu nötiger medizinischer Hilfe erschwerte. Tymoschenko kam erst im Zusammenhang mit den Euromaidan-Protesten frei, konnte jedoch nur begrenzt an ihren vormaligen politischen Einfluss anknüpfen.

Innenpolitisch neigte sich das politische System wieder dem Autoritarismus zu – die nach der Orangenen Revolution vorgenommene Verfassungsreform, die den Zugriff des Präsidenten auf die Kabinettsbildung eingeschränkt hatte, wurde mit der Begründung, sie sei nicht verfassungskonform umgesetzt worden, zurückgenommen. In seiner Außenpolitik schien Janukowitsch zunächst den Kurs seines Vorgängers Juschtschenko in Richtung einer Annäherung an die EU – nicht aber an die NATO – mitzutragen. Zugleich knüpfte er rhetorisch an Kutschmas Schaukelpolitik zwischen Ost und West an. Trotz dieses Schlingerkurses überraschte Janukowitsch die EU-Staats- und Regierungschefs kurz vor dem entscheidenden EU-Gipfel in Litauen im November 2013 mit seiner Ankündigung, das lange vorbereitete EU-Assoziierungsabkommen doch nicht unterschreiben zu wollen. Wladimir Putin hatte ihn unter Druck gesetzt, der Zollunion mit Russland beizutreten, ihm zusätzliche signifikante finanzielle Unterstützung in Aussicht gestellt und für den Fall der Unterzeichnung mit Sanktionen gedroht. Hier zeigte sich 2013 bereits deutlich, wie aus der Sicht des Kremls eine konsequentere und institutionalisierte Annäherung der Ukraine an die EU in Moskau als ein Risiko gesehen wurde. Mit ihr verband sich aus der Sicht des Kremls genau die Art von Transformation und Werten, die dem autoritären System in Russland selbst zur Gefahr werden könnten. Die Diskussion über die Sicherheitswahrnehmungen Russlands ist meist auf die Frage der NATO-Osterweiterung reduziert worden, gegen die sich die russische Regierung positionierte. Weniger ersichtlich, aber von innen heraus mindestens genauso bedrohlich war die Assoziation mit der EU als dem Inbegriff einer demokratischen, rechtsstaatlichen Alternative zu Russland. Darüber hinaus begrenzte die Orientierung der ukrainischen Wirtschaft in Richtung des EU-Binnenmarkts die russisch-ukrainischen Wirtschaftsbeziehungen und die Attraktivität der Zollunion bzw. der Eurasischen Wirtschaftsunion, mit der Russland wirtschaftspolitischen Einfluss in ausgewählten Nachbarstaaten zu erhalten versuchte. Da die EU nicht auf Janukowitschs finanzielle Forderungen einging, die er mit dem Angebot Russlands durchsetzen wollte, zog er die Zusage seiner Unterschrift unter dem ausgehandelten Abkommen zurück. Dieser Schritt wurde ihm zum Verhängnis. Er wurde zum Auslöser einer weiteren Massenmobilisierung, die im Ausland unter der Bezeichnung «Euromaidan» und in der Ukraine als «Revolution der Würde» in die Geschichte eingegangen ist. Der Begriff der Würde verdeutlicht die bewusste Rahmung der Proteste als Ausdruck universeller Menschenrechte.

Auf den ersten Blick war die Nichtunterzeichnung des EU-Assoziierungsabkommen, bei dem es um eine teilweise Übernahme des EU-Regelwerks für die begrenzte Teilnahme am EU-Binnenmarkt, aber nicht um eine Mitgliedschaftsperspektive ging, ein ungewöhnlich technischer Auslöser für Massenproteste. Die Details des Abkommens waren vermutlich nur einem kleinen Teil der Bevölkerung bekannt, aber der Rückzug der Unterschrift wurde als Vertrauensbruch des Präsidenten und als Absage an ein Transformationsmodell verstanden, von dem sich große Teile der Bevölkerung bessere Lebensstandards und eine durch Rechtsstaatlichkeit abgesicherte Demokratie versprachen. Hinter den Protesten stand der im ganzen Land verbreitete Unmut über das Ausmaß an Korruption, das sich mit der Janukowitsch-Ära verband. Die Aktionen konzentrierten sich auf Kiew und Städte der Westukraine wie zum Beispiel Lwiw, doch war es bemerkenswert, dass sich kleinere Proteste auch in vielen Städten im Osten und Süden des Landes formierten bzw. Menschen aus diesen Regionen nach Kiew reisten, um an den Demonstrationen teilzunehmen. Wie groß die Unzufriedenheit im ganzen Land schon vor dem Beginn der Massenmobilisierung war, wurde durch die Eigendynamik der Euromaidan-Proteste in den Hintergrund gedrängt, ist aber ein wesentliches Element in der Geschichte einer zunehmend aktiven und mobilisierten ukrainischen Gesellschaft.

Der Blick auf den Euromaidan wird meist durch sein gewaltsames Ende und die Beteiligung von rechtsradikalen Kräften in seiner Endphase bestimmt. Dabei bleibt die friedliche Massenbewegung ausgeblendet, mit der diese mehrere Monate anhaltende Protestwelle begann. Auch beruhte der Euromaidan nicht auf einer nationalistischen, ethnolinguistischen oder im engeren Sinne regionalen Mobilisierung. Eine der wenigen Umfragen, die unter Teilnehmenden von der Politikwissenschaftlerin Olga Onuch durchgeführt wurde, ermöglicht in Kombination mit späteren Erhebungen eine detaillierte Analyse der Proteste und ihrer verschiedenen Phasen. Auf der Grundlage dieser Daten lässt sich als Hauptmerkmal des Euromaidan die – im Vergleich zur Orangenen Revolution – größere Vielfalt seiner Akteure mit ihren unterschiedlichen Erwartungen und Forderungen benennen. Es fehlte ein mit der Forderung von 2004 nach einer Wahlwiederholung vergleichbares klares Ziel. Die Vielfalt der Akteure ist weder vom Janukowitsch-Regime noch von der parteipolitischen Opposition oder den bereits bestehenden aktivistischen Netzwerken vollständig verstanden bzw. kontrolliert worden. Daraus ergaben sich eine mangelnde Koordination zwischen Aktivisten, Aktivistinnen und Oppositionsparteien sowie Gelegenheiten für die Mobilisierung radikaler Kräfte mit höherer Gewaltbereitschaft.

Janukowitsch schätzte die Stimmung in der ukrainischen Gesellschaft mehrfach falsch ein – von der Entscheidung gegen das Assoziierungsabkommen bis hin zu seinen Versuchen, den Maidan ab Ende November mit Hilfe von polizeilichen Spezialeinheiten zu räumen. Diese Vorgehensweise heizte die Proteste weiter an. Mitte Januar 2014 schränkte Janukowitsch per Gesetz das Grundrecht der Versammlungsfreiheit ein, um die Proteste schließlich mit Hilfe der polizeilichen Sondereinheit Berkut in gewaltsamen Auseinandersetzungen einzudämmen, bei denen etwa 100 Menschen starben. Die Opfer auf der Seite der auf dem Maidan Protestierenden, deren Kreis sich in der gewaltsamen Endphase verkleinerte und soziodemographisch verengte, werden heute als «Himmlische Hundertschaft» verehrt. Ab dieser Phase der Proteste, entwickelte sich der «Rechte Sektor» (*Pravyj Sektor*), zunächst eine Ortsbeschreibung auf dem umkämpften Maidan, zu einem Konglomerat rechtsextremer Kräfte und schließlich zu einer paramilitärischen Einheit. Diese Kräfte hatten Einfluss auf die Übergangsregierung, repräsentierten aber zu keinem Zeitpunkt die Mehrheit und scheiterten am Versuch, sich in eine dauerhafte politische Organisation zu verwandeln.

Unter Beteiligung der Außenminister Polens, Deutschlands und Frankreichs wurde am 21. Februar ein mit Janukowitsch, der parteipolitischen Opposition und einer informellen Vertretung der Protestierenden ausgehandelter politischer Kompromiss zur Beilegung der Krise unterzeichnet, der den Weg zu vorgezogenen Präsidentschaftswahlen ebnen sollte. Es zeichnete sich sofort ab, dass es für diese Lösung auf dem Maidan nach der Radikalisierung im Zusammenhang mit dem Beschuss keine Akzeptanz gab. Noch am Tag der Vereinbarung verließ Janukowitsch Kiew und flüchtete in der Folge nach Russland. Am 22. Februar erklärte ihn das ukrainische Parlament für abgesetzt und setzte Neuwahlen für den 25. Mai an. Für diese Art der Absetzung gab es in der Verfassung keine passenden Vorgaben. Die naheliegendste verfassungsrechtliche Begründung des Hochverrats hätte ein durch das Parlament initiiertes längeres Untersuchungsverfahren vorgesehen und eine noch größere Mehrheit gebraucht. Dieser verfassungsrechtlichen Interpretation steht die Argumentation gegenüber, dass Janukowitsch die effektive Herrschaftsgewalt verloren hatte, als sich Ministerien, die Armee und der Geheimdienst gegen ihn stellten. Im März wurde Janukowitsch auch von seiner Partei, der Partei der Regionen, ausgeschlossen. Direkt nach der Flucht stürmten Protestierende seine Luxusvilla – sie war das Symbol seiner korrupten Machenschaften und veruntreuten Staatsgelder und wurde später als touristische Attraktion umfunktioniert.

In der russischen Staatsrhetorik beginnt mit dem Euromaidan die Fokussierung auf das angeblich faschistische, illegal zur Macht gekommene Regime in Kiew, das es zu bekämpfen gilt. Die Beteiligung rechtsradikaler Gruppierungen und Aktivisten in der gewaltsamen Endphase des Euromaidan ist unbestritten, ebenso die Tatsache, dass politische Vertreter rechter Organisationen etwa ein Fünftel der Ministerposten in der Interimsregierung stellten. In den folgenden Wahlen waren rechtsextreme Parteien (z.B. Swoboda und der Rechte Sektor) dann aber erneut nicht mehr als eine Randerscheinung in der nationalen Politik.

Die Interimsregierung bereitete der vorgezogenen Präsidentschaftswahl den Weg. Aus ihr ging Poroschenko als Wahlsieger hervor. Er hatte zuvor diverse politische Ämter innegehabt – u.a. war er nach der Orangenen Revolution Vorsitzender des Nationalen Sicherheits- und Verteidigungsrat und unter Janukowitsch Wirtschaftsminister gewesen. Auch war und blieb er einer der reichsten ukrainischen Oligarchen. Er startete in die Fortsetzung des Reformprozesses mit einem Vertrauensvorschuss, aber auch mit den Erwartungen und Enttäuschungen des Euromaidan. Wichtige neue Reformschritte wurden eingeleitet, darunter der Aufbau einer institutionellen Architektur für die Korruptionsbekämpfung, einschließlich eines separaten Anti-Korruptions-Gerichts und elektronischer Vermögenserklärungen. Die Funktionen und personellen Besetzungen der neuen Strukturen blieben jedoch widersprüchlich und konnten die Unabhängigkeit der Justiz nicht gewährleisten. Gegen Ende seiner Amtszeit wurde Poroschenko selbst der Korruption beschuldigt. Im globalen Korruptions-Index von Transparency International, der Perzeptionen von Korruption misst, lag die Ukraine 2018 nach einer leichten Verbesserung immer noch nur auf Platz 120 von 180 Ländern und bildete damit in der Region mit Ausnahme von Russland (Platz 138) ein Schlusslicht. Zu den wichtigsten Reformen der Poroschenko-Ära gehörte eine umfassende Dezentralisierungsreform, ein zentrales Element der Transformation «von unten». Unter Poroschenko wurde das Assoziierungsabkommen, an dessen Nichtunterzeichnung sich die Maidan-Proteste entzündet hatten, verabschiedet. Die Ratifizierung durch alle EU-Mitgliedstaaten dauerte allerdings lange, so dass es erst im Januar 2016 in Kraft treten konnte.

Poroschenkos Popularität war im Kontext als zu langsam

empfundener Reformen, der Krim-Annexion und des kräfte- und ressourcenbindenden Krieges im Donbas rasch gesunken. Ohne es zu bemerken, entfernte er sich von den Prioritäten und Ansichten der Gesellschaft, auch wenn seine Politik der Armeemodernisierung die Ukraine auf die nächste Phase in Russlands Krieg vorbereitete und die Armee als die Institution etablierte, der die Gesellschaft am meisten vertraute (vor sozialen und zivilgesellschaftlichen Organisationen). Die wiederholten Protestzyklen hatten sowohl die organisierte Zivilgesellschaft als auch das direkte Engagement der Bevölkerung für verschiedene soziale Belange gestärkt. Beides verband sich allerdings nur begrenzt mit den politischen Institutionen und den Parteien.

Die nächste Welle der gesellschaftlichen Mobilisierung erfolgte nicht über Proteste, sondern – wie im letzten Kapitel ausgeführt – über die Präsidentschaftswahl von 2019, die Selenskyj klar gegen Poroschenko gewann. Gestützt auf eine absolute Mehrheit im Parlament, konnte Selenskyj erste Reformen im Eiltempo verabschieden. In Kiew wurde sein Ansatz bald als «Turboregime» bezeichnet. Reformen, u.a. im Justizsektor, wurden möglich, da es keine effektive politische Opposition gab. Zugleich wurde das Parlament als politische Institution geschwächt. Es war abzusehen, dass Selenskyjs hohe Beliebtheitswerte nicht von Dauer sein würden. Sein Reformkurs wurde in sich widersprüchlich, seine zwei Hauptziele – Korruptionsbekämpfung und Frieden im Donbas – konnten nicht umgesetzt werden, und die juristischen Maßnahmen gegen ausgewählte Oligarchen, einschließlich Poroschenko, wirkten politisch motiviert. Dennoch blieb er im Vergleich zu seinem Vorgänger beliebter und das selbst im Ausnahmezustand einer Pandemie und trotz massiver Popularitätseinbußen über die Jahre seiner Präsidentschaft, die seine Zustimmungswerte im Frühjahr 2021 auf etwa 30 Prozent absinken ließen (s. IBIF).

Wiederholte Massenproteste trieben die politische und gesellschaftliche Transformation voran und machten die Idee der politischen Nation mit einer europäischen Zukunft sehr präsent. Die gesellschaftliche Mobilisierung im Rahmen der Proteste wirkte in den verschiedensten Formen von organisierter

Zivilgesellschaft und sozialem Engagement fort, das Umfragen zufolge in den letzten zwei Jahren stark angestiegen war. Damit einher ging ein für die Corona-Zeiten im Vergleich zu anderen Ländern in Europa atypischer Anstieg in den pro-demokratischen Ansichten der Bevölkerung.

In der Nacht des russischen Großangriffs auf die Ukraine vom 23. auf den 24. Februar 2022 hielt Wolodymyr Selenskyj eine bemerkenswerte Rede, die er nicht an den russischen Präsidenten, sondern als Bürger der Ukraine an die Bürger und Bürgerinnen Russlands richtete. Auch wenn in Russland durch die Medienzensur nur wenige diese Rede gehört haben mögen, brachte sie auch für die ukrainische Bevölkerung und Europa auf den Punkt, worum es in diesem Krieg geht. In dieser Rede fasste Selenskyj das politische und gesellschaftliche Modell der Ukraine klar zusammen: «Es geht um Frieden und um Prinzipien, um Gerechtigkeit. Um Völkerrecht und um das Recht auf Selbstbestimmung. Das Recht, seine Zukunft selbst zu gestalten. Das Recht jeder Gesellschaft auf Sicherheit. Das Recht jedes Menschen auf ein Leben ohne Drohungen. All das ist wichtig für uns. All das ist wichtig für die gesamte Welt.»

Russland

4. Autoritarismus und (Neo-)Imperialismus

Wie lässt sich das politische System Russlands am besten beschreiben? Vor dem Hintergrund des Krieges hat diese Frage erneut an Relevanz gewonnen. Neben gängigen, jedoch nicht präzise voneinander abzugrenzenden Begriffen wie Autoritarismus und Diktatur wurde in den letzten Monaten der Begriff «Ruschismus» (*ruschism*) bwz. «Raschismus» *(raschism)* geprägt – jeweils eine Mischung aus «Russland» und «Faschismus». Der Versuch, der Sprachlosigkeit angesichts der Brutalität dieses Krieges, dem Ausmaß russischer Kriegsverbrechen und der Repressionen in Russland etwas entgegenzusetzen, wird länger anhalten. Als analytisches Konzept eignet sich weiterhin der Begriff «Autoritarismus», solange dieser nicht als etwas Statisches verstanden wird, sondern als ein sich dynamisch anpassendes politisches und gesellschaftliches System.

Der seit Putins Amtsantritt in der Kremlrhetorik geprägte Begriff der «gelenkten Demokratie» ist ein Oxymoron. Nicht nur die Politik, auch die sozialwissenschaftliche Analyse leidet an einem Klassifizierungsdrang. Daraus sind über die Jahre immer mehr Demokratien mit Adjektiven geworden. Sie haben vor allem eines gemeinsam: die Akzeptanz der Schwächen von demokratischen Systemen und die damit verbundene Überdehnung des Begriffs «Demokratie». Bis kurz vor dem Angriffskrieg auf die gesamte Ukraine wurde Russland im deutschen öffentlichen Diskurs häufig mit dem Demokratiebegriff beschrieben, wenngleich mit Einschränkungen. Selbst der häufig anzutreffende Hinweis darauf, dass Russland keine «lupenreine Demokratie» sei, verortet Russland im demokratischen Spektrum der Systeme und verharmlost damit den seit langem etablierten Autoritarismus.

Putins Amtsführung unterschied sich in Stil und Substanz von Anfang an von der seines Vorgängers Boris Jelzin. Die Jelzin-Ära, in der ein Versuch in Richtung Demokratie und Liberalisierung unternommen wurde, sollte später für weite Teile der Bevölkerung Russlands zum negativen Bezugspunkt werden. Die Kombination aus einer partiellen ökonomischen Liberalisierung ohne makroökonomische Stabilisierung führte zu Hyperinflation und der Etablierung von Oligarchen, die sich hemmungslos bereicherten und großen Einfluss auf die Politik ausübten. Die Erfahrung dieser Zeit diskreditierte das Prinzip Demokratie in den Augen großer Teile der russischen Bevölkerung, bevor dieses sich überhaupt etablieren konnte. Der russischen Verfassung von 1993 liegt die Idee einer Präsidialdemokratie mit Dekretvollmachten zugrunde. Während Jelzin mit vielen anderen Regionen und Gebieten in direkte bilaterale Verhandlungen trat und so den Föderalismus um eine Parallelstruktur auf vertraglicher Basis erweiterte, verweigerte er sich einem Verhandlungsprozess in Tschetschenien und entschloss sich zu einer militärischen Antwort auf die dortige nationalistische Bewegung. Jelzins politische (Fehl-)Entscheidungen schufen die Startbedingungen für seinen handverlesenen Nachfolger, Wladimir Putin, der ab seiner Ernennung zum Präsidenten und vor allem seit seiner Rückkehr in das Präsidentenamt 2012 sukzessive den Autoritarismus ausbaute. Der zweite Tschetschenien-Krieg unter Putin nahm in seiner Brutalität vieles von dem vorweg, was später im Syrienkrieg oder im Krieg gegen die Ukraine zum Einsatz kam. Einerseits schränkte Putin die Unabhängigkeit und den Einfluss der Oligarchen immer mehr ein, andererseits baute er den Sicherheitsapparat und die Armee zu den wichtigsten Säulen des politischen Systems aus und verschärfte beständig die staatliche Medienkontrolle und die Repressionen gegen die politische und zivilgesellschaftliche Opposition.

Die im Staatsfernsehen übertragene Sitzung des Nationalen Sicherheitsrats vom 21. Februar 2022 zeigte deutlich, wer zur engsten Führungselite im Zentrum gehört – dem Sicherheitsrat gehören neben Regierungs- und Parlamentsvertretern auch die

Chefs der Geheimdienste an. Zugleich war die Nervosität der Anwesenden deutlich zu spüren, und Putin führte den engeren Führungszirkel in aller Öffentlichkeit regelrecht wie eine Schulklasse vor, insbesondere den Geheimdienstchef Sergei Naryschkin, der sich bei der Frage verhaspelte, ob die Unabhängigkeit der Volksrepubliken von Donezk und Luhansk anerkannt werden sollte oder diese gleich in die Russländische Föderation aufgenommen würden. Das übergeordnete Signal war eindeutig: Putin allein fällt die wichtigen Entscheidungen, allen voran die Entscheidung über den Krieg. Dieses Kräfte- und Abhängigkeitsverhältnis war lange vorbereitet worden. Die Bilder von Putin an seinem übergroßen ovalen Tisch im Kreml, an dem er aus 10 oder mehr Meter Entfernung Staatsgäste empfängt, sind zum Symbol seines personalisierten Systems geworden, auch wenn die Distanz mehr mit Putins Corona-Angst zu tun haben mag als mit einer bewussten Inszenierung. Putin hatte sich während der Corona-Pandemie fast vollständig isoliert – auch diese Tatsache führte zu einer weiteren Verengung der Entscheidungsfindung und zu mehr Spielraum für Putins eigene Exegese neo-imperialer Machtansprüche.

Das politische System unter Putin war von Anfang an durch eine kontinuierlich zunehmende Personalisierung und Zentralisierung gekennzeichnet – sowohl in Bezug auf die Machtvertikale in den Entscheidungsprozessen als auch in der Kontrolle über die Regionen und Kommunen innerhalb der de iure föderalen Struktur des Landes. Das System beruht auf der Loyalität eines über die Zeit kleiner gewordenen Elitenzirkels. Politische Institutionen wie die Duma und der Föderationsrat, die beiden Kammern des Parlaments, wurden in der Praxis schwächer gehalten, als es die Verfassung vorgesehen hatte. Der Spielraum für politische Opposition verengte sich beständig. Die regierungstreue Partei «Einiges Russland» gewann regelmäßig absolute Mehrheiten in Wahlen, die weder frei noch fair waren. Neben der Regierungspartei besteht lediglich die sogenannte Systemopposition, eine kleine Gruppe von Parteien wie der Kommunistischen Partei und der rechtsextremem Liberal-Demokratischen Partei, die einen Anschein von Vielfalt vermitteln und mitunter die Rolle eines Blitzableiters spielen oder neue Initiativen einbringen, aber keinen Einfluss auf die zentralen Entscheidungen ausüben. Das wirtschaftliche System, das vor allem auf der Nutzung des Ressourcenreichtums beruht, hat einen umfassenden Strukturwandel vermieden und trotz Liberalisierung die staatliche Kontrolle über Schlüsselbetriebe nie aufgegeben, bzw. über die Jahre hinweg wieder gestärkt. Potentieller sozialer Unmut wird durch die aus dem Export von Ressourcen finanzierte Sozialpolitik abgefedert und politische Verantwortung wird bewusst an die regionale Ebene delegiert.

Die westlichen Hoffnungen auf einen offeneren politischen Kurs und eine «Modernisierungspartnerschaft» unter Dmitri Medwedew von 2008 bis 2012, dessen präsidiales Intermezzo Putin im Anschluss zwei weitere Amtszeiten unter der damals gültigen Verfassung erlaubte, erwiesen sich als verfehlt. Putins Rückkehr auf den Präsidentenposten erfolgte kurz nach unerwartet großen Protesten gegen die manipulierte Duma-Wahl 2011. Putins Antwort war ein systematisch ausgeweitetes Repressionsregime.

Politische und zivilgesellschaftliche Opposition wird seit etwa 10 Jahren durch eine Mischung aus Wahlmanipulation, gesetzlichen und verfassungsrechtlichen Vorgaben und damit verbundenen hohen Haftstrafen sowie offenen und verdeckten Repressionen bekämpft. Der Giftanschlag auf den prominentesten Oppositionellen, Alexei Nawalny, im August 2020, seine Verhaftung und Verurteilung zu langer Lagerhaft direkt nach seiner Rückkehr nach Russland im Anschluss an seine Behandlung in Deutschland sowie die Zerschlagung seines organisatorischen Netzwerks und seiner Stiftung sind das extremste Beispiel dieser Politik. Ein wichtiges Instrument der Repressionen ist das 2012 verabschiedete und bis einschließlich 2022 mehrmals verschärfte Agentengesetz. Der Vorwurf, ein «ausländischer Agent» zu sein, kann heute Einzelpersonen treffen, die Geld aus westlichen Ländern annehmen – und sei es nur für die Reisekosten in Verbindung mit einer Veranstaltung im Ausland. Das außenwirksame Pendant zum Agentengesetz ist das Gesetz über die «unerwünschten ausländischen Organisationen» von 2015, deren Tätigkeit in Russland verboten wird. Dazu gehören auch eine Reihe deutscher Organisationen mit zivilgesellschaftlichen Kontakten nach Russland. Den breiteren Kontext für diese Repressionen schafft eine über die einflussreichen Staatsmedien, insbesondere das Staatsfernsehen, beständig verbreitete Propaganda, die seit Jahren von der Bedrohung durch den Westen, insbesondere durch die USA und die NATO, ausgeht. Diese Fernsehpropaganda hat dem Angriffskrieg Russlands seit vielen Jahren den Boden bereitet und die zunehmende Demobilisierung der Gesellschaft weiter befördert. Unabhängige Medien sind immer weiter eingeschränkt oder verboten worden. Seit der russischen Invasion in die Ukraine im Februar sind etwa 200 weitere Medien blockiert worden, darunter die letzten größeren unabhängigen Sender wie TV Rain und Echo Moskwy. Die verbotenen Medien mussten entweder aufgrund ihrer Abweichung von der staatlich verordneten Norm der Berichterstattung schließen oder sich ins Ausland verlegen.

Der Begriff des «digitalen Autoritarismus» erfasst die miteinander verwobenen Aspekte von Überwachungsmechanismen, der Omnipräsenz staatlicher Propaganda und der Medienaufsicht, eine bewusste Verunsicherung der Bevölkerung durch unterschiedliche Darstellungen internationaler Ereignisse und die teilweise Kontrolle des Internets auf dem Weg zum deklarierten Ziel eines spezifisch russischen «souveränen Internets». Ein wichtiges Element in den staatlich kontrollierten Diskursräumen ist eine in den letzten Jahren immer aktiver betriebene Geschichtspolitik, die eine selektive Erinnerungskultur bzw. Umdeutung der russischen und sowjetischen Geschichte betreibt und politische Ansprüche direkt aus ihr ableitet. Dem Zweiten Weltkrieg kommt in dieser Erinnerung eine Schlüsselrolle zu. Der verlustreiche Sieg über Nazi-Deutschland blendet die westlichen Alliierten der Sowjetunion immer mehr aus – bei den offiziellen Feierlichkeiten auf dem Roten Platz am 9. Mai 2022, dem Tag des Sieges über Nazi-Deutschland, wurde der Krieg gegen die Ukraine gar als Fortsetzung des Kampfes gegen den «Nazismus» dargestellt, den Russland inzwischen alleine ausfechten müsse. Die Bedeutung dieser geschichtspolitischen

Diskurse samt ihrer Betonung der Kontinuitäten des russischen Patriotismus, der internationalen Größe Russlands und der «traditionellen Werte» in Abgrenzung vom Westen sowie die Fokussierung auf eine dem Staatsverständnis entsprechende Historiographie im nationalen Schulcurriculum sind in ihrer politischen und strategischen Bedeutung unterschätzt worden.

Das politische System Russlands ist immer stärker auf den Selbsterhalt ausgerichtet worden. Dazu gehörte das aktive Management möglicher Risiken. Zu dieser Logik passt auch die Perspektive Putins auf das Zeitfenster, in dem er noch aus einer gefühlten Position der Stärke dem Westen, der NATO und der Ukraine etwas entgegensetzen kann. Zunehmend ist Putin darüber hinaus um seine historische Hinterlassenschaft bemüht. Vor diesem Hintergrund hat das Denken in großen historischen Bahnen und Kontinuitäten einen immer größeren Stellenwert eingenommen. Die Zentralisierung und Personalisierung des autoritären Systems hat Putins eigenem neo-imperialen Denken immer mehr Raum gegeben. Das Paradoxe an Putins Entscheidung für die dritte Kriegsphase ab 2022 ist, dass er mittel- bis langfristig das von ihm etablierte politische System in Russland damit gefährdet. Putin hatte nicht nur den Zusammenhalt und den Widerstandswillen der ukrainischen Bevölkerung unterschätzt, sondern auch das Maß an Einigkeit innerhalb der EU und im transatlantischen Verhältnis zwischen der EU und den USA in Bezug auf koordinierte Sanktionspakete. Diese entfalten ihre auch für größere Teile der Bevölkerung spürbare Wirkung v. a. mittel- und langfristig. Die Frage, ob das System dann eine Destabilisierung vermeiden kann, ist offen, wie auch die Frage, welchen Weg Russland in diesem Fall beschreiten würde. Es gehört zu den Charakteristika von autoritären Systemen, dass sie lange Zeit stabil erscheinen und es autoritären Machthabern über einen längeren Zeitraum gelingt, das System an ihre Bedürfnisse anzupassen, dass dann aber ein plötzlicher Moment der Instabilität kommen kann, so zum Beispiel durch eine Sukzessionskrise. Auch vom System unvorhergesehene Kriegsfolgen könnten zu einem solchen Moment führen.

Die Innen- und Außenpolitik Russlands sind eng miteinander

verknüpft und dienen gemeinsam als Legitimationsbasis für das bestehende politische System. So kann Außenpolitik dazu dienen, das Vertrauen in das politische System im Land zu erhöhen – so geschah es nach der Krim-Annexion. Die Innenpolitik wiederum definiert den Rahmen und die Instrumente für die Außenpolitik. Insgesamt blieben die Beliebtheitswerte für Putin hoch genug, auch wenn der steile Anstieg im Zusammenhang mit der Krim-Annexion nach 2018 als Folge einer unpopulären Rentenreform zunächst wieder abflachte. Der Donbas-Krieg hatte keinen so direkten Einfluss auf die öffentliche Meinung der russischen Bevölkerung. Auch wurden hier die hohen Kosten durchaus hinterfragt, was bei den Subventionen für die Krim nach der Annexion nicht der Fall war. Die Krim nahm also auch für die Bevölkerung eine Sonderrolle ein. Die Kosten-Nutzen-Abwägung in Bezug auf die jetzige Kriegsphase lässt sich noch nicht abschätzen.

Im Krieg sind Umfragen in autoritären Gesellschaften noch schwieriger durchzuführen und einzuschätzen als in friedlichen Zeiten. Sowohl staatsnahe Institute als auch die unabhängige russische Umfrageagentur Levada generieren seit Beginn des Angriffskriegs hohe Zustimmungswerte für Putin und die sogenannte «militärische Spezialoperation» von 80 bis 90 Prozent. Es gibt jedoch Altersunterschiede: Selbst in den Daten des staatsnahen Instituts VTSIOM gibt es eine geringere, wenngleich immer noch mehrheitliche Unterstützung unter der jüngeren Bevölkerung (unter 30 Jahren) für die sogenannte Spezialoperation.

Vor dem Krieg konnte man an Befragungen des unabhängigen Levada-Instituts je nach Fragestellung durchaus gesellschaftliche Unzufriedenheit mit den sozioökonomischen Bedingungen und der Politik ablesen. Es gab in den letzten 10 Jahren an vielen verschiedenen Orten in Russland zahlreiche und sich zum Teil verdichtende Proteste auf lokaler Ebene. Proteste gegen lokale Missstände, zum Beispiel den Abriss von Wohngebäuden, den Bau von Müllhalden, die ineffektive Bekämpfung von Waldbränden usw., formulierten Kritik an der Politik auf lokaler oder regionaler Ebene. Oftmals wurden sie von sich als apolitisch verstehenden Menschen getragen und aus durchaus widersprüchlichen Motivationen heraus unterstützt. Zwar haben Levada-Umfragen eine weit verbreitete diffuse Unzufriedenheit der Bevölkerung und einen Wunsch nach Veränderung festgestellt, aber diese Stimmung übersetzt sich in Abwesenheit von konkreten politischen Maßnahmen nicht in eine umfassende Mobilisierung. Bis auf wenige Ausnahmen wie den Protesten nach den manipulierten Kommunalwahlen in Moskau 2019 oder den über ein Jahr anhaltenden Protesten in Chabarowsk ab Juli 2020, die sich an der Entlassung des gewählten Gouverneurs, der nicht aus der kremltreuen Partei «Einiges Russland», sondern aus der Systemopposition kam, entfachten, formulieren die Proteste in der Regel keine direkte Opposition gegenüber dem politischen Machtzentrum und Putin selbst. In Krisensituationen wie der Corona-Pandemie oder dem Krieg gehört zu Putins Repertoire das Delegieren von Verantwortung an die Gouverneure der Regionen, die in direkter Abhängigkeit vom Zentrum jederzeit ausgetauscht werden können.

Die von Putin orchestrierte Verfassungsreform 2020 eröffnet verschiedene Optionen des Machterhalts über die von der alten Verfassung begrenzten Amtszeiten hinaus. Die Amtszeiten wurden mit der Verfassungsänderung auf Null gestellt, so dass Putin 2024 und 2030 erneut zur Wahl antreten und somit bis 2036 im Amt bleiben könnte. Er könnte aber das Präsidentenamt auch gegen Einfluss über ein nun mächtigeres Gremium, den Staatsrat, eintauschen. Zur Verfassungsänderung gehörten eine Festschreibung der historischen Erinnerung an den Zweiten Weltkrieg und der Schutz traditioneller Werte. Letztere stehen in enger Verbindung mit der Autorität der Russisch-Orthodoxen Kirche und ihrem Oberhaupt, dem Patriarchen Kyrill. Eine neue Qualität der Repressionen entlud sich kurz darauf im Kontext der Duma-Wahlen im September 2021, die aktiver kontrolliert wurden als jede andere Wahl zuvor. Auch hier wurde deutlich, dass das Regime kein Risiko eingehen will.

Die Bedeutung von Geschichte und Geschichtspolitik ist in der Amtszeit Putins kontinuierlich gewachsen. Einige Konstanten, wie z. B. die militärische und international anerkannte Stärke, ziehen sich durch die Reden über die russische und sowjetische Geschichte. Sie bilden die Grundlage für den politischen Anspruch auf die Einnahme des ukrainischen Staates und das Ende der Idee von der unabhängigen ukrainischen Nation. Dabei ordnet sich Putin zunehmend selbst in die Reihe der russischen Herrscher ein. Das Bild von Stalin und der Zeit des Stalinismus ist höchst ambivalent. Stalin wird in seiner Rolle als siegreicher Kriegsführer erinnert, die Opfer des stalinistischen Terrors finden dabei immer weniger Beachtung. Die Menschenrechtsorganisation Memorial, die seit den späten 1980er Jahren die stalinistische Vergangenheit aufarbeitet, wurde 2021 verboten. Unter Putin wurde der 9. Mai wieder regelmäßig als Gedenktag mit Pomp und viel Militärgerät auf dem Roten Platz gefeiert. Diese Erinnerung und der Gedenktag sollen die vergangene und heutige Stärke Russlands demonstrieren.

Die Reden und selbstverfassten Texte autoritärer Machthaber, die in der Regel sowohl nach innen als auch nach außen wirken sollen, sind bewusste Selbstinszenierungen im öffentlichen Raum. Genau deshalb müssen sie ernst(er) genommen werden. Sie beinhalten wichtige Hinweise auf das Selbstverständnis der redenden Person und können somit als Wegweiser dienen. Der Kontrast in Inhalt und Stil zwischen Putins Rede im Bundestag 2001 und auf der Münchener Sicherheitskonferenz 2007 wird im deutschen Diskurs oft bemüht, um den Wandel in Putins Denken und im russischen politischen System nachzuzeichnen. Beide Auftritte markieren jedoch Schritte auf dem Weg in einen starken, neo-imperialen Autoritarismus. Als handverlesener Nachfolger von Jelzin fehlte Putin zu Beginn jeglicher Anschein demokratischer Legitimation. Seine erste Präsidentschaftswahl im März 2000, die wie spätere Wahlen weder frei noch fair war, sicherte er sich auf der Grundlage des zweiten Tschetschenienkriegs und der Rechtfertigung von Repressionen als Antwort auf terroristische Gefahren im Innern. Vor diesem Hintergrund ist der zurückhaltende Ton der Rede im Bundestag genauso kalkuliert wie die Rede in München sechs Jahre später. 2007 war Putins Machtposition im Innern unbestritten und er trat in München auch außenpolitisch sehr viel forscher und fordernder auf und sprach von der NATO als provozierendem

Faktor und den enttäuschten Hoffnungen Russlands auf eine neue Sicherheitsordnung nach dem Ende des Kalten Krieges. Die Grundkomponenten dieser Argumentation waren jedoch schon früher angelegt.

Am 22. Juni 2021 veröffentlichte *Die Zeit* einen von Putin verfassten Essay aus Anlass des 80. Jahrestags des Überfalls der deutschen Wehrmacht auf die Sowjetunion. Der Essay ist vor allem ein Appell an die deutsche Politik und Bevölkerung, eine Erinnerung an die russisch-deutsche Aussöhnung nach dem Zweiten Weltkrieg, an die engen wirtschaftlichen Beziehungen zwischen beiden Ländern und an die Hoffnungen, die sich mit dem Ende des Kalten Krieges verbanden. Man habe damals die Chance verpasst, ein «großes Europa» zu gestalten, beklagte Putin in diesem Essay und betonte die Bereitschaft Russlands zu einer partnerschaftlichen Zusammenarbeit. Doch was er über die Gründe für den schlechten Zustand der Beziehungen schrieb, konterkarierte diese Aussagen. Die Schuld daran schrieb Putin allein der Osterweiterung der NATO zu. Durch sie seien die ehemaligen Staaten des Warschauer Paktes und der Sowjetunion vor «die künstliche Wahl» gestellt worden, sich nach Westen oder gen Russland zu orientieren. Das sei einem «Ultimatum» gleichgekommen. Raum für eigenständige Entscheidungen der betreffenden Staaten gibt es in diesem Geschichtsbild nicht. Am Beispiel der «ukrainischen Tragödie von 2014» könne man die Folgen dieser westlichen Politik besichtigen, behauptete Putin. Den Euromaidan bezeichnete er als von den USA organisierten und von Europa unterstützten «bewaffneten verfassungswidrigen Staatsstreich». Putin sprach dementsprechend in einer Verdrehung der Tatsachen die Verantwortung für die Spaltung der Ukraine und den «Austritt der Krim aus dem ukrainischen Staat» den westlichen Staaten zu.

Der Krieg gegen die Ukraine

5. Die Krim-Annexion 2014

Wladimir Putin reagierte auf den Euromaidan mit der Umsetzung eines Plans, der, wie er selbst später sagte, lange vorbereitet war. Die Annexion der Krim markierte einen Wendepunkt in den Beziehungen zwischen Russland und dem Westen, insbesondere der EU. Sie vollzog sich in einer raschen Abfolge von aufeinander abgestimmten Schritten, die die ukrainische Regierung, das ukrainische Militär vor Ort, die Krim-Bevölkerung und auch die Bevölkerung Russlands überraschte.

Mit der Krim-Annexion ab dem 27. Februar 2014 begann der Krieg gegen die Ukraine. An diesem Tag tauchten auf der Krim russische Sondereinheiten ohne Hoheitsabzeichen auf, die strategische, militärische und politische Institutionen unter ihre Kontrolle brachten und rasch Fakten schufen. Russland bestritt zunächst, dass es sich um russische Truppen handele, und sprach von «lokalen Verteidigungseinheiten». Das regionale Parlament wurde von bewaffneten Einheiten besetzt und in einer geschlossenen Sitzung wurde Sergej Aksjonow von der kleinen Partei «Russische Einheit» zum neuen Ministerpräsidenten ernannt. Im 2010 zuletzt gewählten Krim-Parlament hatte seine Partei lediglich drei von 100 Sitzen gewonnen, während die Partei der Regionen (80 Sitze) klar dominierte. Damit war die Krim ein typischer Teil des Südostens der Ukraine gewesen.

Gleich am ersten Tag der Krim-Besetzung wurde ein regionales «Referendum» über die Unabhängigkeit der Krim für Ende Mai 2014 anvisiert. Es gab Proteste, insbesondere durch die Krimtataren. Der Ukrainische Nationale Sicherheits- und Verteidigungsrat verzichtete jedoch am 28. Februar auf eine Kriegserklärung und eine militärische Antwort. Das regionale

«Referendum» wurde dann auf den 16. März vorverlegt. Die gestellten Fragen ließen keine wirkliche Wahl und waren uneindeutig formuliert. Die Optionen waren eine «Wiedervereinigung mit Russland» und die «Rückkehr zur Krim-Verfassung von 1992». Es gab jedoch zwei vorläufige Krim-Verfassungen aus dem Jahr 1992, so dass die Formulierung missverständlich blieb. Die erste Verfassung von 1992 hatte in der Auseinandersetzung mit Kiew den Anspruch auf eine weitgehend unabhängige «Republik Krim» im losen Staatsverband der Ukraine formuliert. Hinzu kam, dass es bei der Abstimmung am 16. März 2014 keine Möglichkeit gab, für den Status quo zu stimmen.

Das «Referendum» verdient seinen Namen nicht, denn die Abstimmung fand in Gegenwart bewaffneter russischer Sondereinheiten statt. Nach offiziellen russischen Angaben lag die Wahlbeteiligung bei 83,1 Prozent, und eine Mehrheit von 96,3 Prozent sprach sich für die Wiedervereinigung mit Russland aus. Die Beteiligung der Krimtataren und Krimtatarinnen fiel geringer aus als die der übrigen Bevölkerung, obgleich auch hier keine genauen Zahlen vorliegen. Interessanterweise veröffentlichte die offizielle Webseite des dem Präsidenten unterstellten Menschenrechtsrats später kurzzeitig abweichende Zahlen, die von einer insgesamt geringeren Beteiligung und Zustimmung ausgingen. Keine dieser Zahlen mag das wirkliche Ergebnis wiedergeben. Wichtiger ist aber ohnehin die Tatsache, dass es kein demokratisches Referendum war, obwohl es im offiziellen Diskurs Russlands stets als solches bezeichnet wird. Es ist eine hypothetische Frage, wie die Krim-Bevölkerung in einem freien Referendum abgestimmt hätte. Fest steht auf jeden Fall, dass es der russischen Intervention bedurfte, um überhaupt ein «Referendum» anzustoßen. Denn es gab Anfang 2014 und in den Jahren davor auf der Krim keine politische Mobilisierung für Unabhängigkeit oder einen Anschluss an Russland.

Bereits zwei Tage nach der erzwungenen Abstimmung, am 18. März 2014, hielt Putin vor beiden Häusern des russischen Parlaments – der Staatsduma und dem Föderationsrat – eine Rede, in der er die «Wiedervereinigung», versehen mit der Legitimität des «Referendums», verkündete, einen großen historischen Bogen schlug und generell mit dem Westen und der seit 1991 empfundenen Demütigung Russlands ins Gericht ging. Die Rede erfüllte eine wichtige mobilisierende Funktion mit Blick nach innen und war ebenso auf ihre Außenwirkung angelegt. Es war eine vollumfängliche Abrechnung Putins mit westlicher Politik seit dem Ende des Kalten Krieges. Putin bezog sich in seiner Rede auf den Gründungsmythos der Kiewer Rus und die kulturelle und zivilisatorische Einheit der Völker Russlands, der Ukraine und Belarus. Er leitete den politischen Anspruch Russlands auf die Krim aus der angeblich kontinuierlichen engen Verbindung zwischen Russland und der Krim ab. Die Jahrhunderte der krimtatarischen Herrschaft beziehungsweise des Osmanischen Reiches seit dem 15. Jahrhundert wurden ausgelassen. In seiner Rede spannte Putin den Bogen vom Russischen Reich zur Sowjetunion bis hin zum heutigen Russland. Die Ukrainische SSR, die Unabhängigkeit der Ukraine und das auch von der Krim-Bevölkerung mit einer knappen Mehrheit unterstützte Referendum über die Unabhängigkeit der Ukraine vom 1. Dezember 1991 blieben unerwähnt.

Die Rede spielte bewusst mit Emotionen: Dass die Krim 1991 Teil eines anderen Staates wurde, hinterließ laut Putin in Russland und auf der Krim das Gefühl, «ausgeraubt worden zu sein,» doch habe es unter den gegebenen Umständen nicht sofort eine Möglichkeit gegeben, gegen diese «Ungerechtigkeit» vorzugehen. Er unterstrich, dass «im Herzen und im Bewusstsein der Menschen» die Krim ein nicht wegzudenkender Teil Russlands geblieben und diese Überzeugung von einer Generation an die nächste weitergegeben worden sei. Putin appellierte sogar direkt an die Deutschen, die das Streben nach Wiedervereinigung, das man auch in der russischen Welt *(russkii mir)* empfinde, am besten verstehen könnten. In dieser Rede sprach Putin über den Verlust russischen Territoriums an die ukrainische Unionsrepublik in der frühen Sowjetzeit. Er ging somit bereits über den konkreten territorialen Anspruch auf die Krim hinaus. In der Krim-Rede fanden sich viele Versatzstücke der Kriegsrhetorik von 2022. Putin beschuldigte die ukrainische Regierung, «den Russen» ihre historische Erinnerung und Muttersprache zu nehmen und sie zwangsweise zu assimilieren. Auch war von der «staatlichen Dauerkrise» die Rede, die in der Ukraine seit über 20 Jahren herrsche. Die Euromaidan-Proteste wurden in Putins Lesart zum «Putsch», zu «Terror, Mord und Pogrome(n)» von «Nationalisten, Neonazis, Russophoben und Antisemiten», die sich ihren Einfluss auf die Ukraine erhalten hätten. Diese Dämonisierung der Proteste zog sich seit 2014 durch den staatlichen Mediendiskurs. Verschwiegen wurde systematisch, dass rechtsextreme Parteien gleich nach dem Euromaidan und in späteren Wahlen die Fünf-Prozent-Hürde verfehlten und nur über wenige Direktmandate im Parlament vertreten waren.

Putin behauptete zudem entgegen den Tatsachen, dass die Krim-Bevölkerung sich dem «Putsch» in Kiew entgegengestellt habe und deswegen Repressionen ausgesetzt gewesen sei. Einmal mehr argumentierte er, dass Russland von der Bevölkerung um Hilfe gebeten worden sei. Hier trennte er allerdings noch zwischen der als illegitim dargestellten ukrainischen Regierung, die vor allem von den USA gelenkt werde, und der Idee einer Ukraine, die genauso wie Russland bedroht sei. Am Ende seiner Krim-Rede wandte sich Putin direkt an das ukrainische Volk und beteuerte, dessen nationalen Gefühle und territoriale Integrität zu respektieren und kein Interesse an anderen Regionen der Ukraine zu haben. Hier verschärfte sich die Rhetorik bis 2022 noch weiter.

Putins Rede führte direkt zur Unterschrift unter dem Vertrag über den Beitritt der Krim und Sewastopols zur Russländischen Föderation. Am 21. März wurde der Beitritt im Föderationsrat ratifiziert, und am 24. März verließen die letzten Einheiten der ukrainischen Armee die Halbinsel. In der Folge erreichten die Beziehungen zwischen dem Westen und Russland einen ersten Tiefpunkt. Die EU und die USA verhängten in Reaktion auf den Verstoß gegen das Völkerrecht Sanktionen, die in ihrer Geschlossenheit laut kremlnaher Experten die russische Regierung überraschten. Die UN-Generalversammlung hielt am 27. März in einer Resolution fest, dass die territoriale Integrität der Ukraine weiterhin Bestand habe und das sogenannte Referendum ungültig sei. Zuvor war eine ähnliche Resolution im UN-Sicherheitsrat am Veto Russlands gescheitert.

Für Putin spielten strategische Überlegungen eine zentrale Rolle: Mit der Annexion der Krim erweiterte Russland de facto seine militärische und politische Hoheit im Schwarzmeerraum. Zugleich nutzte Putin bewusst die Resonanz der Krim im russischen und sowjetischen Geschichtsverständnis als innenpolitische Legitimation für die immer expliziter formulierten neoimperialen Machtansprüche Russlands. Putin konnte mit der Annexion auch seine eigene Position stärken. Seine Popularität stieg in Umfragen des unabhängigen Levada-Instituts nach der Krim-Annexion von zuvor etwa 60 Prozent auf über 80 Prozent. Sozialwissenschaftliche Analysen auf der Grundlage von Vergleichsdaten vor und nach der Annexion zeigen neben steigenden Beliebtheitswerten auch eine stärkere Ausprägung von Emotionen, wie Stolz, Hoffnung und Vertrauen. Diese Daten deuten darauf hin, dass die Annexion der Krim zu einer größeren Deckungsgleichheit zwischen den patriotischen Gefühlen der Bevölkerung Russlands und der gelebten Realität führte. Eine an staatliche Größe geknüpfte Identität wurde wieder mit konkretem Inhalt gefüllt. Der auf den Slogan «Die Krim gehört uns» *(Krim nasch)* verkürzte gesellschaftspolitische Konsens half dabei, die hohen Kosten zu rechtfertigen, die sowohl durch die westlichen Sanktionen entstanden als auch durch die hohen Subventionen aus dem russischen Staatshaushalt für die Krim, die noch über denen für den Nordkaukasus lagen.

Auch wenn die EU-Sanktionen regelmäßig verlängert wurden und westliche Staaten die Annexion nicht anerkannten, wurde zugleich weithin akzeptiert, dass eine Rückkehr der Krim zur Ukraine auf vorhersehbare Zeit unmöglich sein würde, zumindest bis zum Ende der Putin-Ära. Das Ausklammern der Krim-Thematik und eine größere Fokussierung auf den Donbas-Krieg und das Minsker Abkommen, das zumindest einen konkreteren Anknüpfungspunkt für Verhandlungen zu bieten schien, hat auch in Deutschland Raum für einen Subtext geschaffen, der Teile der *Krim-nasch*-Logik widerspiegelt und die historischen Ansprüche Russlands in Teilen akzeptiert. Meistens eingeläutet mit der Formulierung «Es war ein Völkerrechtsbruch, aber ...», ist die These, dass die Krim «schon immer russisch gewesen sei», weit verbreitet, auch wenn sie Jahrhunderte krimtatarischer Geschichte und die Integration der Krim in die ukrainische Sowjetrepublik ab 1954 verdrängt. Auch die Grundannahmen aus der russischen Rechtfertigungstaktik, dass es eine Bedrohung der russischen oder russischsprachigen Bevölkerung der Krim und eine Mobilisierung für den Anschluss an Russland gegeben habe, sind im öffentlichen Diskurs im Westen, u.a. in Deutschland, präsent. Dabei setzte die bewusste Mobilisierung eines latenten, aber politisch seit über 20 Jahren nicht akuten Themas erst mit der Ankunft der russischen Sondereinheiten ein und nicht vorher.

Die Geschichte der Krim ist seit jeher vom Mit- und Gegeneinander verschiedener Völker, Staaten und Imperien geprägt worden. Seit 1991 dominieren drei aus der Geschichte der Region abgeleitete Ansprüche die Politik der Region: der krimtatarische, der russische und der ukrainische. Der ukrainische Anspruch ist der einzige völkerrechtlich legitime, der sich darüber hinaus mit den Forderungen der krimtatarischen Bewegung vereinbaren ließ. Es ist wichtig, die unterschiedlichen Argumentationen nachzuvollziehen, um die Annexion einordnen zu können. Die Krimtataren verstehen sich als indigenes Volk der Krim, ein Status der 2021 durch das ukrainische Parlament gesetzlich verankert wurde – d.h. sechs Jahre nach der Annexion durch Russland. Die Erfahrung der Deportation unter Stalin 1944 und die Erinnerung an diese haben die nationale Identität der Krimtataren und Krimtatarinnen eng mit dem Territorium der Krim verknüpft, auch wenn das Krim-Khanat weitere Regionen nördlich der Krim umfasst hatte und sich nicht vorrangig über eine ethnoterritoriale Identität definierte. Das Khanat der Krimtataren entstand als einer der Nachfolgestaaten des Mongolenreichs Mitte des 15. Jahrhunderts. Es existierte zunächst als unabhängiges Imperium und später als Protektorat des Osmanischen Reiches bis zur Eroberung der Krim durch das Zarenreich 1783.

Die krimtatarische Erinnerung hatte sich trotz aller Russifizierungs- und Sowjetisierungsbemühungen fest in die physische und imaginierte Landschaft der Krim eingeschrieben. Die krimtatarischen Namen für Bergketten und Felsformationen wurden von der regionalen Bevölkerung insgesamt verwendet und die dazugehörenden Legenden gehörten auch in und nach der Sowjetunion zur kulturellen Identität der Region. Mit der Ankunft der Krimtataren und Krimtatarinnen auf der Krim nach 1991 – etwa 250000 Menschen innerhalb weniger Jahre – ging der Aufbau zunächst inoffizieller Siedlungen sowie die Etablierung einer parallelen politischen Struktur einher, die über eine Volksvertretung *(Kurultai)* und Exekutivräte *(Medschlis)* krimtatarische Interessen und historische Ansprüche effektiv in den regionalen und nationalen politischen Diskurs einbrachte. Es gab radikalere, teilweise aus dem Ausland unterstützte, politische und islamische Gruppierungen, aber sie blieben durch die festen Organisationsstrukturen der krimtatarischen politischen Elite marginalisiert. Mitte der 1990er Jahre hatte die krimtatarische Bevölkerung sogar eine feste Anzahl von Sitzen im Krim-Parlament, so dass sie an den Verhandlungen über den Status der Region direkt beteiligt waren. Aus ihren ursprünglichen Forderungen nach einem nationalen Autonomiestatus wurde ein Beitrag zur Ausgestaltung der regionalen Autonomie und ihrer Anerkennung als indigenes Volk. Die krimtatarische Bevölkerung und ihre politische Vertretung haben dabei seit 1991 fest auf ihre Zugehörigkeit zum unabhängigen ukrainischen Staat gesetzt.

Der neo-imperiale Anspruch Russlands auf die Krim leitet sich aus einer zweigeteilten selektiven historischen Erinnerung ab: Politisch beginnt die russische Erzählung der Krim-Geschichte erst mit der Eroberung der Krim durch das Zarenreich im Jahre 1783. Der kulturelle Anknüpfungspunkt ist die (historisch nicht belegte) Taufe von Prinz Wladimir im Jahre 988 n. Chr. in Chersones, die die Halbinsel zur Wiege der russischen Orthodoxie erhebt. Die russische Historiographie entwirft Linien der Kontinuität aus dem Zarenreich über die Sowjetunion bis heute. Die Krimgeschichte und ihre in Denkmäler gegossene Erinnerung an die großen, oft verlustreichen Kämpfe, allen voran den Krim-Krieg in der Mitte des 19. Jahrhunderts und die Belagerung von Sewastopol im Zweiten Weltkrieg, sind als heldenhafte Verteidigung in die Erinnerungskultur eingegangen. Die Schwarzmeerflotte ist sowohl von großer strategischer als auch von symbolischer und identitätsstiftender Bedeutung in der russischen Erinnerung. Die landschaftliche Schönheit, die Geschichte der Vielvölkerregion zwischen verschiedenen Imperien und die oft orientalisierende Sicht auf den krimtatarischen Alltag nimmt in der russischsprachigen Literatur und Kunst einen hohen Stellenwert ein – so etwa in den literarischen Werken von Alexander Puschkin, Lew Tolstoi, Marina Tswetaewa oder den Landschaftsgemälden von Iwan Aiwasowski – und ist somit ein fester Bestandteil der russisch(sprachig) geprägten Sicht auf eine Region, die sich über diese Quellen und Assoziationen in ganz Europa und global verbreitet hat. Literatur als Kulturexport hat einen Anteil an der Verbreitung und Vervielfältigung des kolonialen Blicks auf die Region. Literatur, die zum nationalen und globalen Kanon gehört, ist ein Teil von politischen Ansprüchen bzw. lässt diese unwidersprochen bestehen. Die Mehrheit der sich als ethnisch russisch definierenden Menschen auf der Krim und die überwiegende Russischsprachigkeit der Halbinsel sind ein einfacher Anknüpfungspunkt für die Identität und Rhetorik von «Krim nasch» («Die Krim gehört uns») ab 2014, insbesondere für Putins Argumentation, dass Russland die Aufgabe habe, ethnische Russen und Russinnen sowie russischsprachige Bevölkerungen zu schützen. Auch die Erinnerung an die pro-russische Bewegung auf der Krim in den frühen 1990er Jahren passt in dieses Bild.

Ebenso ist es möglich, die Geschichte der «ukrainischen» Krim zu erzählen. Die ukrainische Krim ist neben der «krimtatarischen» und «russischen» Krim weniger ethnisch oder sprachlich definiert und und in der nationalen Geschichtspolitik sowie im internationalen Diskurs weniger präsent. Es gibt «leisere» Arten von physischen und ideellen Verbindungen, die neben der russischen neo-imperialen Perspektive und der an die Deportation gekoppelten krimtatarischen nationalen Identität ein weiterer wichtiger Bestandteil der Verflechtungsgeschichte dieser

Region sind. Der Zensus des Zarenreichs aus dem Jahr 1897 verzeichnete eine ukrainischsprachige Bevölkerung in der Taurida genannten Region. Mychajlo Hruschewskyj, einer der einflussreichsten ukrainischen Intellektuellen des 19. Jahrhunderts, der sich eine nationale Historiographie zur Aufgabe machte, blieb in seiner Verortung der Krim ambivalent. Sowohl im Russischen Reich als auch in der Sowjetunion wurde durch bewusste Siedlungspolitik der slawische Anteil der regionalen Bevölkerung erhöht, zuletzt nach der Deportation der Krimtataren und dem Zweiten Weltkrieg. Über diese Zwangsumsiedlungen erhöhte sich auch der ukrainische Bevölkerungsanteil auf der Krim, wenngleich Russisch die dominante Sprache war.

Der völkerrechtliche Anspruch der Ukraine auf die Krim wurde mit der internationalen Anerkennung der Unabhängigkeit 1991 in den Grenzen der Ukrainischen Sowjetrepublik besiegelt und von Russland in weiteren multi- und bilateralen Abkommen bestätigt. Der konkrete historische Anknüpfungspunkt für die Zugehörigkeit der Krim zum ukrainischen Staatsgebiet ist der Transfer der Krim 1954 von der Russischen Sozialistischen Föderativen Sowjetrepublik zur Ukrainischen Sozialistischen Sowjetrepublik. Zu Sowjetzeiten war diese Grenzanpassung wenig mehr als ein administrativer Akt. Dieser erhielt mit der Unabhängigkeit der Ukraine 1991 eine qualitativ neue Bedeutung. Das einprägsame Bild von Nikita Chruschtschows «Geschenk» an die Ukraine, ein sowjetisches Konstrukt, impliziert einen willkürlichen, nicht regelkonformen Transfer. Auf diese Weise lebt das «Geschenk» in der neo-imperialen russischen Geschichtspolitik fort. Durch die dünne historische Aktenlage ist auch die westliche Sicht auf dieses Schlüsselereignis für die Zeitgeschichte der Krim stark personifiziert. Es gibt unter anderem dokumentierte wirtschaftliche Überlegungen Chruschtschows, der sich bei einem Besuch auf der Krim 1953 von der zurückgebliebenen Entwicklung der Region selbst einen Eindruck verschaffen wollte und sich von der administrativen und wirtschaftlichen Integration der Krim in die Ukrainische SSR einen Entwicklungsschub versprach. Die sowjetische Propaganda nutzte den Anlass des 300-jährigen Jubiläums der Perejaslav-Verträge der Kosaken mit dem Zarenreich als Anlass, den Transfer ideologisch zu untermauern, aber aus den Partei- und Staatsdokumenten der Zeit ist deutlich zu sehen, dass das Thema erst sehr spät Teil der Feierlichkeiten wurde. Die Entscheidung für den Transfer der Krim wurde demnach schnell getroffen. Chruschtschow war zu diesem Zeitpunkt in seiner Machtposition noch nicht so gestärkt, dass er Alleingänge hätte verantworten können. Alles spricht jedoch dafür, dass die Idee auf ihn zurückgeht und er sie schon in den 1940er Jahren als Vorsitzender der Kommunistischen Partei der Ukrainischen SSR Stalin für dessen geplante Umsiedlungen von Ukrainern und Ukrainerinnen als eine Art Tausch vorschlug. Dem Bericht eines Apparatschiks aus Chruschtschows Umfeld zufolge lehnte Stalin ab. Ob Chruschtschow 1953/54 in dieser Frage von eigenen Machtüberlegungen geleitet wurde, ist unklar. Die wirtschaftliche Logik bedeutete zugleich ein Risiko für ihn. Der von Putin und anderen russischen Politikern benutzte Begriff der «Illegalität» des Transfers mutet allerdings merkwürdig an im sowjetischen Kontext, in dem Grenzverschiebungen nicht unüblich waren und generell Regeln an die jeweiligen Erfordernisse angepasst wurden. Das sowjetische System nahm in diesem Fall eine Abkürzung im offiziell vorgesehenen Entscheidungsprozess.

Der Transfer von 1954 erforderte die wirtschaftliche und politisch-administrative Integration der Krim in die Ukrainische SSR. Der Bau des Nord-Krim-Kanals, mit dem die problematische Wasserversorgung der Krim geregelt wurde, ist ein Beispiel für eine infrastrukturelle Verflechtung mit anderen Regionen der Ukraine. Um diesen Kanal geht es auch in der gegenwärtigen Kriegsphase, denn Russland hat bisher keinen Ersatz für die Wasserversorgung der Region. Wie bereits erwähnt, stimmte auch die Krim 1991 für die Unabhängigkeit der Ukraine. Auch wenn dort der niedrigste Zustimmungswert erreicht wurde, so war es immerhin eine knappe Mehrheit, die ihre Zukunft in der Ukraine sah.

Es gab zwischen ukrainischen und krimtatarischen Dissidenten zu Sowjetzeiten enge Beziehungen – auf persönlicher Ebene wurden diese Kontakte nach 1991 weitergepflegt. Vor diesem historischen Hintergrund und angesichts der Tatsache, dass erst innerhalb einer unabhängigen Ukraine die Rückkehr der krimtatarischen Bevölkerung möglich wurde, blieb die politische Nähe zwischen Schlüsselfiguren und historischen Erinnerungen erhalten. Die ungeregelte Ansiedlung von insgesamt über 250 000 Krimtataren und Krimtatarinnen stellte die Region vor politische und administrative Herausforderungen, stärkte jedoch auch die Verbindung zwischen der Krim und Kiew: Die krimtatarische Bevölkerung und ihre politische Interessenvertretung positionierten sich eindeutig auf der Seite des ukrainischen Staates, stellten Forderungen und grenzten sich und die Region dabei deutlich ab von Russland als Nachfolgestaat der Sowjetunion. Die sukzessive politische Integration der Krim in den ukrainischen Staat erfolgte einerseits über den lange andauernden Verfassungsprozess, andererseits durch Wahlen. Die Krim-Bevölkerung beteiligte sich nicht weniger an den Parlaments- und Präsidentschaftswahlen als die Bevölkerung anderer Regionen und fügte sich in der Auswahl der Parteien in die politische Landschaft des Südostens der Ukraine ein. Teil der Ukraine zu sein wurde sowohl für die Eliten als auch die Bevölkerung auf der Krim zur Normalität.

Die rasche Integration der Krim in die Russländische Föderation machte die Menschen vor Ort im Frühjahr 2014 von einem Tag auf den anderen abhängig vom russischen Staat. Gehälter und Sozialausgaben wurden auf Rubel umgestellt. Russland erklärte alle Bewohner und Bewohnerinnen der Krim automatisch zu russischen Staatsbürgern und Staatsbürgerinnen. Die Lebensbedingungen verschlechterten sich sowohl im Vergleich zum Rest der Ukraine als auch zu Russland: Über eine hohe Inflations- und Teuerungsrate bezahlte die Krimbevölkerung einen nicht unerheblichen Preis für die Annexion. Viele Unternehmen mussten schließen. Die Krim war in ihrer Wasser-, Strom- und Lebensmittelversorgung von anderen Regionen der Ukraine abhängig gewesen. Russland investierte in neue Stromkabel und die im Mai 2018 von Putin selbst eröffnete neue Brücke, die die Krim mit dem russischen Festland verbindet. Aber ein Ersatz für die von Kiew gestoppte Wasserversorgung aus dem Nord-Krim-Kanal ist bisher nicht gefunden worden, was zu einer Ausdehnung der Steppengebiete geführt hat. Das Stimmungsbild auf der Krim lässt sich nur aus persönlichen Berichten und vereinzelten journalistischen Recherchen erahnen. Während die krimtatarische Bevölkerung eine Art parallele Existenz führt, scheint die anfänglich optimistische Stimmung zu einer pragmatischeren Akzeptanz der neuen Normalität geworden zu sein. Meinungsumfragen auf der Krim – von internationalen Institutionen und der unabhängigen russischen Agentur Levada – haben Einblicke in den erschwerten Alltag, die abgebrochenen Beziehungen zu Freunden und Verwandten in anderen Teilen der Ukraine und den Wunsch nach einer einfacheren Überquerung der De Facto-Grenze zur Region Cherson dokumentiert, können in einem Kontext autoritärer Kontrolle jedoch das Ausmaß der Unterstützung für die Annexion und die Identifizierung mit Russland nicht verlässlich erfassen.

Der Zugang zu den übrigen Teilen der Ukraine bzw. die Reise aus anderen Regionen der Ukraine auf die Krim war seit 2014 über den Landweg nur in Ausnahmefällen erlaubt und selbst für Familienmitglieder erschwert. Wer über Russland auf die Krim reiste, wurde für die ukrainischen Behörden zur Persona non grata ohne weiteren Zugang zur Ukraine. Innerhalb kürzester Zeit waren viele persönliche Kontakte unterbrochen. Der erschwerte Zugang von beiden Seiten hat auch die Berichterstattung vor Ort stark beeinträchtigt. Russland setzte Repressionen ein, insbesondere gegen die krimtatarische Bevölkerung, die Gruppe, die potentiell für die neue politische Elite ein Risikofaktor war. Die krimtatarischen politischen Organisationen sowie krimtatarische Medien wurden aufgelöst – viele verlagerten ihren Standort nach Kiew und in andere Teile des Landes. Ein neuer Exodus begann: Zehntausende verließen die Krim, darunter mindestens 40 000 Krimtataren und Krimtatarinnen, die sich unter anderem in Kiew und Lwiw niederließen. Für die krimtatarische Bevölkerung war es zum Teil die zweite oder dritte Migration. Russland betrieb eine aktive Siedlungspolitik und siedelte Russen und Russinnen aus anderen Landesteilen, angeblich auch aus den nicht von Kiew kontrollierten Gebieten des Donbas, auf der Krim an.

Im Juni 2014 folgten EU-Restriktionen zunächst gegen eine Anzahl von Amtsträgern, die mit dem Angriff auf die territoriale Integrität der Ukraine in Verbindung standen. Sie erhielten Einreiseverbote, ihr Vermögen wurde eingefroren, ein geplanter EU-Russland-Gipfel sowie Verhandlungen über Visa-Angelegenheiten wurden ausgesetzt und Russland wurde aus dem G8-Verbund von Industriestaaten ausgeschlossen. In der Folge wurden die personenbezogenen Sanktionen mehrmals erweitert und das Vermögen von einer steigenden Zahl von Organisationen eingefroren. Hinzu kamen Sanktionen gegen Einfuhren von Waren aus den annektierten Gebieten, gegen Infrastruktur- und Finanzinvestitionen sowie touristische Dienstleistungen auf der Krim, gegen die Ausfuhr bestimmter Güter und Technologien in den Bereichen Verkehr, Telekommunikation und Energie sowie bezogen auf die Prospektion, Exploration und Förderung von Öl-, Gas- und Mineralressourcen. Die USA und weitere Länder verhängten ebenfalls Sanktionen. Russland reagierte mit Sanktionen gegen Personen und Gütereinfuhr. Trotz des klaren Bruchs des Völkerrechts vermochte die internationale Gemeinschaft die von Russland geschaffenen Fakten nicht zu revidieren und signalisierte eine Bereitschaft, das Thema in den Beziehungen zu Russland weitgehend auszuklammern oder auf einen unbestimmten Zeitpunkt in der Zukunft zu vertagen. In Russland selbst klang der Krim-Effekt auf die Popularität Putins und das politische System allmählich ab. Das Thema ist aus der Sicht der Gesellschaft und der Eliten abgehakt, aber weiterhin trotz der hohen Kosten kein kontroverses Thema. Die Verfassungsänderung von 2020 nahm einen Passus auf, dem zufolge es nicht zulässig ist, die territoriale Integrität der Russländischen Föderation in Frage zu stellen – eine letzte Absicherung der Krim-Annexion.

6. Der Krieg im Donbas seit 2014

Der Donbas-Krieg, der im Frühjahr 2014 begann und in Russlands Großangriff 2022 aufging, beschreibt die zweite Phase in Russlands Krieg gegen die Ukraine. Die Krim-Annexion steht in engem Zusammenhang mit dem Krieg im Donbas. Mehr noch: Ohne die Annexion der Krim hätte es den Donbas-Krieg in dieser Form und zu diesem Zeitpunkt nicht gegeben. Von der Annexion und ihrer Rechtfertigung durch Putin mit Blick auf die Geschichte und den Erhalt von Sprache, Kultur und Werten ging für separatistisch gesinnte Kräfte im Osten der Ukraine das Signal aus, dass ihre Mobilisierung eine Chance auf Unterstützung durch Russland hatte. Ohne diese externe Unterstützung wäre die Mobilisierung von Anfang an begrenzt oder gar unmöglich gewesen.

Die Donbas-Region, auch als Donezk-Becken bezeichnet, besteht aus den zwei administrativen Gebieten Donezk und Luhansk im Südosten der Ukraine. Vor 2014 machte die Bevölkerung des Donbas etwa 15 Prozent der Gesamtbevölkerung der Ukraine aus. Die Region wurde ab dem späten 19. Jahrhundert zu einem wichtigen Standort der Industrialisierung, Urbanisierung und Ansiedlung von ethnisch russischen oder russischsprachigen Arbeitern und Arbeiterinnen. Auch in der Sowjetunion blieb die Region mit ihren Kohlebergwerken, der Stahl- und verarbeitenden Industrie einer der wichtigsten industriellen Standorte. Diese Rolle spielte sie später auch für die unabhängige Ukraine, auch wenn die industrielle Infrastruktur zunehmend veraltete. Nicht die gesamten Gebiete Donezk und Luhansk waren in den Krieg ab 2014 involviert, wie es der Begriff «Donbas-Krieg» nahelegt. Die sogenannten Volksrepubliken Donezk und Luhansk oder, neutraler ausgedrückt, «die nicht von der ukrainischen Regierung kontrollierten Gebiete» sowie die im ukrainischen Sprachgebrauch verwendete Bezeichnung der «Anti-Terror-Operation» (ATO) beschreiben einen seit 2014 de facto geteilten Donbas.

Die Anfänge des Donbas-Krieges liegen in den Wochen nach dem Euromaidan und der Krim-Annexion. Auch im Süden und Osten des Landes hatten kleinere Euromaidan-Protestaktionen stattgefunden. Es kam zu Zusammenstößen mit regionalen Kräften, die nicht unbedingt Janukowitsch unterstützten, aber eine diffuse Mischung aus separatistischen Ideen und realen Sorgen der Bevölkerung aufgriffen. In Odesa spitzte sich diese Konfrontation zu: Anfang Mai kamen bei einem bis heute unzulänglich aufgeklärten Brand 48 separatistische Aktivisten und Aktivistinnen ums Leben, die im lokalen Gewerkschaftshaus Zuflucht gesucht hatten, und über 200 Menschen wurden im Zusammenhang mit lokalen Ausschreitungen verletzt. Der Europarat und die UN haben die unvollständige Aufarbeitung der Ereignisse mehrfach kritisiert. Letztendlich scheiterten separatistische Kräfte in Charkiw, Odesa und anderen Städten im Osten und Süden der Ukraine, aber in Teilen des Donbas hatten sie mehr Erfolg. Ähnlich wie auf der Krim gab es bis zur Annexion auch im Donbas keine einflussreichen und organisierten separatistischen Bewegungen, die sich auf die Mehrheit oder ein klar erkennbares Segment der regionalen Bevölkerung hätten stützen können. Eine Reihe marginalisierter russlandaffiner Gruppen nutzte 2014 die Gelegenheit, besetzte Regierungsgebäude und verabschiedete im April eine Deklaration über die Unabhängigkeit der sogenannten Volksrepubliken. Am 11. Mai fanden nach bekanntem Schema unter der Bezeichnung «Referendum» unfreie Abstimmungen statt, in denen sich angeblich über 90 Prozent der Befragten für die «Volksrepubliken» aussprachen. Gegen Ende 2014 kamen «Präsidentschafts- und Parlamentswahlen» hinzu.

Aus verschiedenen Umfragen ist klar ersichtlich, dass nur eine Minderheit in der gesamten Ukraine separatistischen Ideen aufgeschlossen gegenüberstand. Das Kiewer Internationale Institut für Soziologie fand in seiner Umfrage im April/Mai 2014, dass unter 7 Prozent der Befragten im ganzen Land separatistische Ideen positiv bewerteten und sich entweder die Unabhängigkeit ihrer Region oder den Anschluss an einen anderen Staat vorstellen konnten. Darüber hinaus sprachen sich ebenfalls weniger als 7 Prozent für mehr Autonomie in einer föderalen Ukraine aus. Der Donbas war die einzige Region in dieser gesamtukrainischen Umfrage, in der sich ein knappes Drittel für die beiden separatistischen Optionen aussprach und weitere 23,5 Prozent mehr Autonomie befürworteten (KIIS, 2014a). In den anderen östlichen und südlichen Regionen fanden die beiden Varianten des Separatismus nur den Zuspruch von 5 bis 7 Prozent und weitere 7 bis 9,5 Prozent unterstützten eine nicht weiter spezifizierte Art von Autonomie. Diese Umfrageergebnisse zeigen im Donbas einen stärker ausgeprägten gesellschaftlichen Rückhalt für Separatismus als in anderen Teilen des Landes. Aber auch dort stützte er sich nicht auf eine Mehrheit. Eine weitere KIIS-Umfrage vom April 2014 bestätigte, dass etwa ein Drittel der Befragten in den Gebieten Donezk und Luhansk eine Abspaltung von der Ukraine unterstützt hätten, aber nur zwischen einem Fünftel (Donezk) und einem Viertel (Luhansk) die gewaltsame Besetzung lokaler administrativer Einrichtungen befürwortete (KIIS 2014b). Die abstrakte Idee des Separatismus war somit von größerer Attraktivität als die Art und Weise, wie diese Idee umgesetzt werden sollte. Darüber hinaus sagt eine gewisse latente Zustimmung in Umfragen noch wenig aus über eine erfolgreiche Aktivierung dieses Gefühls. Allein aus den Umfragen erklärt sich somit nicht, warum die Mobilisierung in Teilen des Donbas gelang, während sie in anderen östlichen oder südlichen Regionen wie Charkiw oder Odesa nicht Fuß fassen konnte. Diese Besonderheit gilt es zu erklären, denn die Hintergrundfaktoren wie ein ethnisch russisches Segment der regionalen Bevölkerung (etwa 30 Prozent beschrieben sich in Umfragen 2014 als ethnisch russisch und etwa 11 Prozent als sowohl russisch als auch ukrainisch) sowie eine starke russischsprachige Prägung sind im gesamten Südosten der Ukraine (v. a. im urbanen Raum) vorzufinden.

Ob Russland zu diesem Zeitpunkt separatistische Bestrebungen im ganzen Südosten der Ukraine unterstützt hätte, bleibt Spekulation. Im Donbas jedenfalls waren die Voraussetzungen für das Eingreifen Russlands günstiger und die frühzeitig von außen unterstützte Mobilisierung gelang letztendlich auf der Grundlage lokaler Dynamiken. Eine Kombination aus Umfragen und Analysen lokaler Mediendiskurse und Demonstrationen zeigt mehrere Trends: Es gab nicht das eine Thema oder die eine Motivation, die Aufgeschlossenheit gegenüber separatistischen Ideen oder aktive Mobilisierung bedingte. Unter denjenigen, die sich als «ethnisch russisch» bezeichneten, gab es zwar mehr Unterstützung für separatistische Ideen als unter denen, die ihre ethnische Identität als «ukrainisch» oder als «ukrainisch und russisch» bezeichneten, aber Ethnizität oder Sprache war auch hier nur für eine Minderheit ein relevantes Thema. Das Maß an Separatismus, das den Donbas von den anderen Regionen des Südostens unterschied, war somit nicht in erster Linie auf ethnische oder linguistische Kriterien zurückzuführen.

Andere Themen spielten 2014 im Donbas eine wesentlich wichtigere Rolle: das generelle Gefühl, von Kiew politisch und wirtschaftlich über Jahre vernachlässigt worden zu sein, obwohl der Donbas einen wichtigen Beitrag zur Wirtschaft des gesamten Landes leistete, sowie die Sorge vor den regionalen Implikationen einer Annäherung an die EU, die im Vergleich zu engeren Beziehungen zur Eurasischen Wirtschaftsunion noch schwer abschätzbar erschienen. Auf die Frage nach den Hauptsorgen benannte eine klare Mehrheit wirtschaftliche Themen, insbesondere die Angst vor einem Zusammenbruch der ukrainischen Wirtschaft, Verzögerungen von Gehalts- und Rentenzahlungen und den Verlust von Arbeitsplätzen. Im Vergleich zu anderen Regionen verbanden sich diese Sorgen für die Donbas-Bevölkerung häufiger mit dem Abbruch von wirtschaftlichen Beziehungen zu Russland.

Die Mobilisierung gelang in diesen Regionen bzw. Großstädten auch wegen der Unterstützung der separatistischen Mobilisierung durch lokale Sicherheitskräfte und regionale Oligarchen sowie dadurch, dass Russland hier aktiv intervenierte, nicht zuletzt durch den russischen Militärgeheimdienst (GRU) und durch eine offensive Medienpropaganda gegen die neue Regierung in Kiew, die als «Nazis» und Faschisten gebrandmarkt wurde. Diese Propaganda erreichte die Bevölkerung des Donbas direkt über russische Medien, aber auch lokale Medien fungierten als Echokammer. Die Position regionaler Oligarchen blieb ambivalent – ihr Hauptinteresse war es, ihren Einfluss und ihr Vermögen so weit wie möglich zu erhalten. Daher zeigten sie sich pragmatisch und in verschiedene politische Richtungen offen. Sie nutzen separatistische Tendenzen als ein Instrument, zum Beispiel um Druck auf Kiew auszuüben.

Die aus dem Euromaidan hervorgegangene Interimsregierung reagierte auf die Ausrufung der «Volksrepubliken», indem sie die ukrainischen Streitkräfte im Rahmen einer sogenannten Anti-Terror-Operation (ATO) einsetzte. Zwar konnten einige Orte zurückerobert werden, doch gelang es nicht, die ukrainische Kontrolle über diese Gebiete wiederherzustellen. Im Juni 2014 nahm nach dem Entschluss des Ständigen Rats der OSZE, zu dem auch Russland gehörte, eine OSZE-Beobachtungsmission (*Special Monitoring Mission*) ihren Dienst auf. Hierbei handelte es sich um eine unbewaffnete, zivile Mission, deren Aufgabe es war, politische Entwicklungen und Menschenrechtsverletzungen zu dokumentieren. Das Mandat war zunächst breit gefasst worden. Darüber hinaus begann im Juni 2014 eine Trilaterale Kontaktgruppe in Minsk ihre zweiwöchigen Gespräche mit Vertretern der Ukraine, Russlands und der der lokalen, von Russland unterstützten Eliten. Letztere ließen sich schon zu diesem Zeitpunkt nicht mehr als «Separatisten» bezeichnen, doch bestand Russland weiterhin darauf, nicht als Kriegspartei bezeichnet zu werden und definierte seine Rolle als die eines unabhängigen Beobachters.

Am 17. Juli 2014 wurde über dem umkämpften Gebiet das malaysische Passagierflugzeug MH17 durch eine russische Buk-Flugabwehrrakete abgeschossen, wie eine internationale Strafermittlung bewies – alle 298 Passagiere kamen ums Leben. Damit war für westliche Akteure die direkte militärische Beteiligung Russlands am Donbas-Krieg belegt. Trotz langwieriger Untersuchungen sind bisher keine Verurteilungen erfolgt. Russland hatte sein Veto im Sicherheitsrat gegen ein UN-Sondertribunal eingelegt. Ohne umfassende und beständige militärische und finanzielle Unterstützung aus Russland, hätten die Separatisten den Sommer 2014 nicht überstehen können. Durch die ausgeweitete russische Beteiligung wurde der Krieg für die Ukraine verlustreicher. Am 5. September wurde mit Hilfe internationaler Vermittlung in Minsk ein erstes Waffenstillstandsabkommen – das Minsk Protokoll – unterzeichnet. Die OSZE-Beobachtungsmission wurde nun die Hauptinstitution, die systematisch Waffenstillstandsverletzungen dokumentierte. Die weitere Eskalation vermochte sie aber nicht zu vermeiden.

Am 15. Februar 2015 wurde – wiederum mit internationaler Vermittlung – ein Plan mit 13 konkreten Punkten ausgehandelt (Minsk II), der die Umsetzung des Minsk-Protokolls ermöglichen sollte. Da sich Russland nicht als Kriegspartei definieren ließ, war es von vornherein nicht an das Minsker Abkommen gebunden, auch wenn ein Punkt «den Abzug aller ausländischen bewaffneten Formationen und militärischer Ausrüstung» festschrieb. Die Reihenfolge und Priorisierung der einzelnen Punkte blieben von Anfang an zwischen der Ukraine und Russland umstritten. Der erste Punkt, ein dauerhafter Waffenstillstand, wurde nie umgesetzt. Ausgehandelt und unterschrieben unter militärischem Druck, ist das Abkommen insgesamt nicht vorteilhaft für die Ukraine. Zu den Streitpunkten gehörten neben dem letztendlichen Status der nicht von Kiew kontrollierten Gebiete und Wahlmodalitäten vor allem die Verschränkung der politischen und sicherheitsbezogenen Punkte. Russland stellte sich auf den Standpunkt, erst ganz am Ende des Prozesses der Ukraine die Kontrolle über ihr gesamtes Staatsgebiet zurückzugeben, während die Ukraine diesen Zugang zur Staatsgrenze früher zurückerhalten wollte.

Aus heutiger Sicht erscheint vielen das Minsker Abkommen in seinen zwei Teilen als von Anfang an zum Scheitern verurteilt, als Benachteiligung der Ukraine oder gar als Fehler deutscher und französischer Vermittlungspolitik. Doch waren Minsk I und II aus der Not geborene Waffenstillstandsabkommen. Minsk II konnte zu einem kritischen Zeitpunkt eine weitere Eskalation des Kriegsgeschehens verhindern. Ohne die Vereinbarung wären die sich abzeichnenden Kosten für die Ukraine noch weiter gestiegen und ihre Staatlichkeit schon 2014 stärker bedroht gewesen. Damals gab es keinen politischen Willen innerhalb der NATO, die ukrainische Regierung militärisch zu unterstützen – und die ukrainischen Streitkräfte waren noch nicht so gut aufgestellt wie heute. In den Folgejahren bot das Minsk-Abkommen den einzigen Rahmen für direkte Gespräche zwischen der Ukraine und Russland zusammen mit Deutschland und Frankreich in der Vermittlerrolle. Temporäre Waffenstillstände, Gefangenenaustausche, humanitäre Maßnahmen gehörten zu den für die lokale Bevölkerung nicht unerheblichen Teilerfolgen. Andere Punkte, wie lokale Wahlen nach ukrainischer Gesetzgebung in den nicht von Kiew kontrollierten Gebieten, gefolgt von einem Sonderstatus, wurden noch nicht einmal annähernd umgesetzt.

Insgesamt hat diese zweite Phase des Krieges gegen die Ukraine bis Ende 2021 etwa 14 000 Menschenleben gekostet; 1,5 Millionen Menschen wurden zu Binnenflüchtlingen und ca. eine weitere Million floh nach Russland. Die Krim hat für Russland große symbolische Bedeutung; der Krieg im Donbas dagegen war für Moskau vor allem ein Instrument, um den ukrainischen Staat langfristig zu schwächen, sich Einfluss auf die ukrainische Politik zu erhalten und die Möglichkeit zu haben, den Krieg je nach Belieben zu begrenzen oder auszuweiten.

De facto verlor die Ukraine 2014 die Kontrolle über einen weiteren Teil ihrer Staatsgrenze, und an der im Minsker Abkommen verhandelten, sich mehrmals verschiebenden Waffenstillstandslinie, der «Kontaktlinie», entstand ein neues Grenzregime im Alltag der regionalen Bevölkerung, das Verhalten, Ansichten und Identitäten prägte. Zunächst markiert eine Waffenstillstandslinie eine temporäre Grenze, aber oftmals bleibt sie keine temporäre Erscheinung. Ihre alltägliche Realität trägt über einen längeren Zeitraum hinweg zu ihrer Festigung bei, denn vormals integrierte wirtschaftliche und soziale Räume und Netzwerke werden angepasst. Die Grenzziehung wird darüber hinaus durch das Verhalten der Konfliktparteien verstärkt: Russland machte die Vergabe russischer Pässe zu einer Priorität, insbesondere vor der russischen Duma-Wahl, schränkte über russische Medien und Mobilfunknetze den ukrainischen Informationsraum ein und begann mit der (Re-)Sozialisierung der Bevolkerung über das lokale Bildungssystem. Die von Kiew eingesetzte Blockade konnte diese Prozesse nicht aufhalten, verstärkte aber in der Praxis die Trennung der beiden Teile des Donbas.

Die Überquerung der Kontaktlinie war nur an wenigen Stellen überhaupt möglich. Die Schwierigkeiten dabei waren je nach Entfernung, Zugang, Infrastruktur und Grenzpersonal unterschiedlich. Die Begegnungen über die Kontaktlinie hinweg waren sehr ungleich verteilt: Vor allem ältere Menschen kamen aus den «Volksrepubliken», um sich auf der von Kiew kontrollierten Seite ihre Rentenzahlungen abzuholen. Überquerungen in die andere Richtung waren sehr viel seltener. Umfragedaten und ethnographische Feldforschung aus dem Jahr 2019 zeigen, dass diejenigen, die aus den «Volksrepubliken» in den von Kiew kontrollierten Donbas kamen, sich ein Gefühl der Zugehörigkeit zum ukrainischen Staat bewahrt hatten. Zum Zeitpunkt der Umfrage überquerte insgesamt die Hälfte der Befragten in den «Volksrepubliken» mit unterschiedlicher Regelmäßigkeit die Kontaktlinie: Etwa 14 Prozent gingen einmal pro Monat auf die andere Seite und etwa 16 Prozent einmal in 6 Monaten. Hingegen gaben knapp über 90 Prozent der Befragten im von Kiew kontrollierten Donbas 2019 an, nie auf die andere Seite zu gehen. Etwa 50 Prozent der Befragten in den «Volksrepubliken» erklärten, Verwandte oder Freunde auf der von Kiew kontrollierten Seite zu haben; andersherum waren es nur 31 Prozent. In beiden Teilen des Donbas war der Trend bei den persönlichen Verbindungen über die «Kontaktlinie» hinweg zwischen 2016 und 2019 rückläufig.

Soziologische Forschung in Kriegsgebieten ist immer schwierig – im von Russland kontrollierten Teil des Donbas haben sich diese Schwierigkeiten über die Jahre erhöht. Nicht zuletzt gibt es keine Daten, an denen sich die Repräsentativität der Umfragen eindeutig messen ließe. Für unabhängige ukrainische, russische und internationale Meinungsforschungsagenturen haben sich seit 2016 die legalen, ethisch vertretbaren und technischen

Zugangsmöglichkeiten sowohl für Face-to-Face-Befragungen als auch für Telefonumfragen mehrfach verändert, so dass auch im Vergleich der Daten für einen Zeitpunkt und über die Jahre hinweg Lücken entstehen. Dennoch bleibt es auch unter schwierigen Bedingungen eine Aufgabe der Wissenschaft, die Stimmen derer einzuholen, die direkt vom Krieg betroffen sind. Somit geht es weniger um exakt ermittelte Zahlen als um Trends, die sich aus dem Vergleich einer Reihe von Umfragen von wissenschaftlich anerkannten Instituten und Agenturen ergeben. Über einen Zeitraum von 2016 bis 2022 lässt sich eine wachsende Re-Orientierung der lokalen Bevölkerung in den von Russland kontrollierten «Volksrepubliken» feststellen. Dies hat sowohl mit der sogenannten «Passportisierung» und dem zunehmend kontrollierten Informationsraum zu tun als auch mit pragmatischen Bedürfnissen des Alltags. Eine klare Konstante über mehrere Jahre und Umfrageagenturen hinweg ist der geringe Zuspruch für die Unabhängigkeit der sogenannten Volksrepubliken. Außerdem wird deutlich, dass sich eine Zweidrittelmehrheit in den von Kiew kontrollierten Gebieten des Donbas als Teil des ukrainischen Staates versteht. Hier wurde im Vergleich zu den vor Kriegsbeginn erhobenen Daten die Identifizierung mit dem ukrainischen Staat gestärkt, und es hat eine Polarisierung zwischen den beiden Teilen des Donbas stattgefunden. Ein weiterer Trend ist aber eine vor Februar 2022 in beiden Teilen des Donbas verortete Mehrheit, die die Zugehörigkeit zur Ukraine oder zu Russland hinter die Frage nach dem persönlichen Lebensstandard zurückstellen wollte.

Meinungsumfragen in der Ukraine veranschaulichen generell, dass in der Zeit des Krieges eine staatsbürgerliche, am ukrainischen Staat festgemachte Identität *(civic identity)* gegenüber ethnisch definierten Identitäten gestärkt wurde. Vom ZOiS über den gesamtukrainischen KIIS Omnibus (ohne «Volksrepubliken» und die Krim) erhobene repräsentative Umfragedaten zeigten, dass die staatsbürgerliche Identität zwischen 2017 und 2018 von knapp unter 50 Prozent der Befragten als die wichtigste Identität unter zahlreichen Optionen angegeben wurde. In der Folgezeit variierte der Anteil derer, die sich einer staatszentrierten Identität zurechneten, aber der Wert blieb in unterschiedlichen Formulierungen und Kontexten über Jahre und Befragungen hinweg die wichtigste Identitätskategorie (mit zwischen 30–40 Prozent). Russlands Krieg gegen die Ukraine hatte somit schon in seinen ersten zwei Phasen eine übergeordnete staatliche Identität gestärkt, anstatt intern polarisierend zu wirken. Putins Intention war klar gescheitert.

Bis Ende 2013 war die Seegrenze zwischen der Ukraine und Russland immer noch nicht offiziell festgelegt worden. Ende 2003 hatten beide Länder einen bilateralen Vertrag über die gemeinsame Nutzung des Asowschen Meeres und der Straße von Kertsch unterzeichnet. Das internationale Seerechtsübereinkommen von 1982 erlaubt für jedes Schiff jeder Nationalität die freie Durchfahrt. Seit der Krim-Annexion betrachtet Russland die Gewässer nahe der Krim als Teil seines Territoriums und kontrolliert beide Seiten der Straße von Kertsch, den einzigen Zugang zu den ukrainischen Häfen Mariupol und Berdjansk. Russland hatte auch die Präsenz seiner Marine im Schwarzen Meer und im Asowschen Meer verstärkt. Die 2018 eröffnete Brücke, die die Krim mit dem russischen Festland verbindet, behindert den Zugang internationaler Schiffe zu den ukrainischen Häfen. Nur Schiffe einer begrenzten Höhe können die Brücke passieren. Administrativer Aufwand und Willkür der dem russischen Geheimdienst FSB unterstellten Küstenwache führte bei Kontrollen und Durchsuchungen zu Verzögerungen und gefährdete die Attraktivität ukrainischer Häfen im internationalen Wettbewerb. Im November 2018 kam es zu einer militärischen Eskalation in der Meerenge von Kertsch zwischen dem Schwarzen und dem Asowschen Meer. Zwei Schiffe der ukrainischen Marine und ein Schlepper wurden durch ein russisches Schiff gewaltsam von der Durchfahrt in Richtung Mariupol abgehalten. Die russische Küstenwache rammte das Schleppschiff, beschoss und enterte die ukrainischen Schiffe. Dabei wurden mehrere ukrainische Soldaten verwundet und 23 Soldaten verhaftet. Sie kamen erst 2019 im Rahmen eines Gefangenenaustauschs frei, obwohl der Internationale Seegerichtshof zuvor bereits ihre Freilassung gefordert hatte.

Diese direkte militärische Konfrontation machte das ständig gegebene Eskalationspotenzial deutlich. Die ukrainische Regierung reagierte mit der Verhängung des Kriegsrechts auf den Zwischenfall, zunächst für 30 Tage. Nach dieser Frist wurde das Kriegsrecht verlängert, das Präsident Poroschenko zusätzliche Exekutivrechte einräumte. Dieser Moment bereitete somit auch die ukrainische Gesellschaft und Politik auf die Praxis des Kriegsrechts vor, das im Februar 2022 reaktiviert wurde.

In der zweiten Phase des Krieges gegen die Ukraine brachte Russland ein weiteres Gebiet des ukrainischen Staatsterritoriums de facto unter seine Kontrolle. Diese lang anhaltende Phase, die nie einen dauerhaften Waffenstillstand erlaubte, führte einerseits zu einem Modernisierungsschub für die ukrainische Armee, andererseits gab es gewisse Gewöhnungseffekte. Die politischen Eliten und die Bevölkerung in anderen Regionen des Landes wollten sich nicht auf den schwelenden Krieg reduzieren lassen. Das Minsker Abkommen und die Verhandlungen im Normandieformat zwischen Russland, der Ukraine, Deutschland und Frankreich hatten eine Eskalation in einem Schlüsselmoment verhindert, konnten aber nie die Umsetzung des Minsker Protokolls garantieren. Die EU erließ eine weitere Reihe von Sanktionen als Antwort auf den Donbas-Krieg. Durch die Fokussierung auf die regelmäßige Verlängerung der Sanktionen in der in dieser Frage nicht immer geeinten EU und die Hoffnungen auf das bestehende Verhandlungsformat wurden weitere Schritte nicht ernsthaft erwogen. Aus heutiger Perspektive wirken die ersten Sanktionspakete begrenzt, im Zeitraum zwischen 2014 und 2022 waren sie dennoch ein Novum für die EU. Sie stellten jedoch die Prioritäten einzelner Mitgliedstaaten, insbesondere das Großprojekt Nord Stream 2, nicht in Frage. Die EU-Mitgliedstaaten, die USA und die NATO waren zu diesem Zeitpunkt nicht bereit, ihre Unterstützung für die Ukraine substantiell zu erhöhen. Es bestand die Hoffnung, den Donbas-Krieg einzufrieren oder zumindest kontrollierbar zu halten. Dass die Annexion der Krim und der Donbas-Krieg ein innen- und außenpolitischer Test waren und eine dritte Kriegsphase wahrscheinlicher machten, wurde im Westen nicht als Bedrohung gesehen.

7. Der Angriffskrieg seit dem 24. Februar 2022

Die Vorbereitung der dritten Kriegsphase begann im Frühjahr 2021 mit einem massiven russischen Truppenaufbau in der Nähe der russisch-ukrainischen Grenze. In kurzer Zeit wurden über 100 000 russische Soldaten und Kriegsgerät an die Westgrenze Russlands verlegt. US-Präsident Joe Biden reagierte neben zahlreichen Appellen und Warnungen mit einem Verhandlungsangebot an Wladimir Putin. Im April 2021 traf er sich in Genf mit seinem russischen Amtskollegen. Dieses Treffen kam dem langgehegten Wunsch Putins entgegen, für die ganze Welt sichtbar auf Augenhöhe mit dem amerikanischen Präsidenten zu verhandeln und somit Russlands internationale Rolle zu unterstreichen. Kurzfristig gab es die Hoffnung, dass Biden in einem neuen und überfälligen Sicherheitsdialog amerikanische und westliche Interessen klar formulieren, aber auch verhandelbare Themen ausloten und so Russlands militärischen Druck auf die Ukraine verringern könnte. Der US-Präsident signalisierte damit, dass die USA trotz ihrer strategischen Fokussierung auf China auch die Beziehungen zu Russland weiterhin aktiv pflegen wollten.

Die Hoffnungen verpufften jedoch, bevor sie an Kontur gewinnen konnten. Im Dezember 2021 legte Putin den USA und der NATO jeweils einen Katalog mit ultimativen Forderungen vor, mit dem er eine nicht spezifizierte Drohung verband. Russland war offensichtlich nicht an einem Verhandlungsprozess interessiert. Die Veröffentlichung der Forderungen widersprach dem diplomatischen Protokoll und unterstrich die Öffentlichkeitswirkung, auf die es der Kreml angelegt hatte. Mit diesen Maximalforderungen unternahm die russische Politik einen Versuch, das Rad der Zeit auf 1997 zurückzudrehen. Aus diesem Jahr stammt sowohl die NATO-Russland-Grundakte, die das Verhältnis zwischen NATO und Russland auf der Grundlage von Prinzipien wie Demokratie, Rechtstaatlichkeit und kooperativer Sicherheit mit Hilfe konsultativer Mechanismen und der Präsenz einer russischen Delegation im NATO-Hauptquartier in Brüssel auf eine neue Vertrauensbasis zu stellen versuchte, als auch die konkrete NATO-Beitrittsperspektive für Polen, Tschechien und Ungarn. Einer der zentralen Grundsätze der NATO-Russland-Grundakte war die «Achtung der Souveränität, Unabhängigkeit und territorialen Unversehrtheit aller Staaten sowie ihres naturgegebenen Rechtes, die Mittel zur Gewährleistung ihrer eigenen Sicherheit sowie der Unverletzlichkeit von Grenzen und des Selbstbestimmungsrechts der Völker, wie es in der Schlussakte von Helsinki und anderen OSZE-Dokumenten verankert ist, selbst zu wählen». Dieser zentrale Grundsatz wurde von Russland in Bezügen auf die Grundakte schon lange nicht mehr zitiert.

Der in der Grundakte angelegte NATO-Russland-Dialog war vor Beginn der dritten Phase des Krieges bereits zum Erliegen gekommen. Zu den russischen Forderungen Ende 2021 gehörte der Rückzug jeglicher NATO-Präsenz aus den östlichen Mitgliedstaaten – die Grundakte hatte eine permanente Präsenz ausgeschlossen und zum Rotationsprinzip der NATO-Streitkräfte geführt –, die Annullierung der 2008 auf dem NATO-Gipfel von Bukarest formulierten Absichtserklärung, die Ukraine und Georgien in der Zukunft in die NATO aufnehmen zu wollen, und zusätzliche Sicherheitsgarantien. Die USA hatten unter Präsident George W. Bush beiden Ländern einen Aktionsplan mit konkreter Mitgliedschaftsperspektive anbieten wollen. Andere NATO-Staaten, darunter Deutschland und Frankreich, hatten dieses Vorhaben mit Blick auf Russlands mögliche Reaktionen und Russlands Einfluss im Donbas, in Abchasien und Südossetien ausgebremst. Herausgekommen war eine ambivalente Formulierung im Abschlusskommuniqué, die mit ihrem Versprechen ohne Zeitrahmen und Weg viel Raum für Spekulationen ließ. Es hieß dort: «Die Ukraine und Georgien werden Mitglieder der NATO werden.» Das war eine prinzipielle Zusage für einen Beitritt, jedoch ohne eine klare zeitliche Perspektive. Von Russland konnte diese Formulierung als Bedrohung dargestellt werden; zugleich gab sie der Ukraine und Georgien nicht genugend Sicherheit.

Begleitet wurden die Forderungen Russlands von einer wiederbelebten Diskussion über die vermeintlichen Versprechen westlicher Regierungen an Michail Gorbatschow im Zusammenhang mit der deutschen Wiedervereinigung, denen zufolge die NATO sich nicht über Deutschland hinaus gen Osten ausdehnen sollte. Auch in Deutschland wird diese Debatte durch den engen Bezug zur Wiedervereinigung immer wieder neu aufgelegt. Die Aktenlage ist sehr viel eindeutiger, als es die diversen Schleifen dieser Diskussion vermuten lassen. Es gab bei den Verhandlungen über die deutsch-deutsche Einheit 1990 keine schriftlich vereinbarte und somit rechtskräftige Verpflichtung der NATO oder einzelner Mitgliedstaaten. In internationalen Beziehungen gilt letztendlich das, was vertraglich vereinbart ist, auch wenn die die Verträge begleitende Kommunikation nachwirken und unterschiedlich ausgelegt werden kann. In Gesprächsprotokollen, Notizen und Memoiren der an den Verhandlungen beteiligten Politiker und Politikerinnen sowie Diplomaten und Diplomatinnen finden sich Hinweise darauf, dass man Gorbatschow mündlich versichert habe, dass es nicht um eine Erweiterung der NATO nach Ostmitteleuropa gehe. Zu den Personen, die darauf hingewiesen haben, gehören Hans-Dietrich Genscher, James Baker, Douglas Hurd, Margaret Thatcher und William Burns, jetziger CIA-Chef und früherer Vertreter des US-State Department. Auch der Zeitpunkt der Verhandlungen über Deutschlands Mitgliedschaft in der NATO spielt in der Interpretation der Verhandlungen eine wichtige Rolle. 1990 überstiegen die Auflösung der gesamten Sowjetunion, das Ende des Warschauer Pakts und die daraus resultierende Sicherheitspolitik unabhängiger ostmitteleuropäischen Staaten die gemeinsame Vorstellungskraft der an den Verhandlungen Beteiligten. Es wurde kein Vertrag geschlossen, der alle Eventualitäten der Zukunft abdecken konnte oder sollte. Nach 1991 formulierten dann die ostmitteleuropäischen Staaten auf der Grundlage ihrer Souveränität und sicherheitspolitischen Unabhängigkeit ihr Interesse an einer NATO- (und EU-)Mitgliedschaft und forderten diese Institutionen zu einer Neuorientierung heraus.

Die Zusammenarbeit zwischen der NATO und der Ukraine begann mit der NATO-Ukraine-Charta vom Juli 1997. Die NATO unterstützte die Ukraine bei der Reform ihrer Streitkräfte und Sicherheitsorgane. Die Ukraine wiederum beteiligte sich an NATO-geführten Militäreinsätzen (ISAF, KFOR, OAE) und an einer NATO Response Force. Nachdem die Bestrebungen in Richtung eines NATO-Beitritts zu der Kompromissformel des Bukarester Gipfels geführt hatten, wurde der Kurs in Richtung NATO unter Janukowitsch wieder vorsichtiger. Flankiert wurde das von einem Gesetz aus dem Jahr 2010, dem zufolge eine Partnerschaft mit der NATO angestrebt werde, aber weiterhin die Blockfreiheit das Ziel der Ukraine sei. Russlands Krieg gegen die Ukraine änderte die politische Positionierung und die gesellschaftliche Stimmung dann erneut. Präsident Poroschenko siedelte das außenpolitische Ziel des NATO-Beitritts weit oben auf seiner Agenda an und bereitete die Verankerung des EU- und des NATO-Beitritts als Staatsziel mit Verfassungsrang vor. 2019 änderte das ukrainische Parlament die Verfassung entsprechend. Im Juni 2020 sprach die NATO der Ukraine den Status eines «Enhanced Opportunities Partner» zu, eine Anerkennung des ukrainischen Beitrags zu NATO-geführten Missionen, u.a. in Afghanistan und im Kosovo. Hinzu kam 2021 noch ein «Individueller Partnerschaftsaktionsplan», der weitere NATO-Unterstützung vorsah. Eine Aufnahme der Ukraine in die NATO stand allerdings nicht auf der Tagesordnung.

Die USA und die NATO gingen Anfang 2022 insofern auf Russlands Ultimatum ein, als dass sie schriftliche Antworten auf die Forderungen lieferten. Am 26. Januar 2022 machte die NATO klar, dass ein genereller Stopp der Osterweiterung für sie indiskutabel sei. Sie zeigte aber durchaus einen Verhandlungsspielraum in der Frage nach der Art und den Orten der NATO-Präsenz an der Ostgrenze der NATO auf. Russland hatte dieses Thema als «sekundär» bezeichnet und zeigte damit einmal mehr, dass es nicht bereit war, Verhandlungen an einem realistischen Punkt zu eröffnen. Mitte Januar verstärkte Russland seine militärische Präsenz in Belarus mit Truppen, Panzern und Artilleriegeschützen. Als Begründung wurde angegeben, gemeinsame Militärmanöver vorzubereiten. Mit seiner Unterstützung für Aljaksandr Lukaschenkas gewaltsame Niederschlagung der Protestwelle in Belarus 2020 hatte Putin dessen direkte Abhängigkeit von Moskau noch erhöht und konnte die militärische Integration von Russland und Belarus vorantreiben. Das gemeinsame Militärmanöver sollte am 20. Februar 2022 enden, wurde aber verlängert.

Am 21. Februar hielt Putin eine lange, im Staatsfernsehen übertragene Rede, in der er die gerade erklärte Unabhängigkeit der «Volksrepublik Donezk» und der «Volksrepublik Luhansk» anerkannte. Die Rede setzte dort an, wo Putin in seiner Krim-Rede aufgehört hatte. Er argumentierte, dass die Ukraine keine gefestigte Tradition der Staatlichkeit habe und präsentierte seine Sicht auf die Politik des Zarenreichs, vor allem aber auf die verfehlte Politik Lenins. Lenin habe nach der Revolution der Ukraine Elemente einer Staatlichkeit zugesprochen und der Republik Gebiete übertragen, die eigentlich russisch seien. Auch Stalin und Chruschtschow wurden erwähnt als diejenigen, die nach dem Zweiten Weltkrieg und 1954 mit dem Transfer der Krim das künstliche Gebilde des ukrainischen Staates in seine heutige Form gegossen hätten. Seit 1991 habe sich die Ukraine erfolglos fremde Modelle angeeignet, die über Staatsstreich und «Bürgerkrieg» in eine Sackgasse geführt hätten. Die NATO wurde beschuldigt, aus der Ukraine einen «potentiellen Kriegsschauplatz» zu machen. Bei der Frage des NATO-Beitritts der Ukraine, war es für Putin unerheblich, wann genau dieser erfolgen könnte: «wenn nicht morgen, dann übermorgen», aber er sah die Grundsatzentscheidung dafür gefallen. Er schürte bewusst Angst vor einem Angriff auf Russland. Putin unterstrich die angebliche Bereitschaft Russlands zu Verhandlungen, nannte aber klar die Bedingungen, die keinen Spielraum für Verhandlungen mit der NATO aufzeigten: eine Rückkehr zur Ausgangsposition vor der NATO-Osterweiterung 1997. Auch wenn die USA und die NATO in Aussicht gestellt hatten, über die Art der militärischen Präsenz zu verhandeln, wirkte es in Putins Rede so, als sei keine Antwort des Westens erfolgt.

Die stärkste Behauptung in dieser ausufernden Rede war die grundlose Anschuldigung, dass die Ukraine im Donbas einen «Genozid» an einer Bevölkerung verübe, die lediglich ihre Sprache, Kultur und Traditionen erhalten wolle. Der vereinbarte Waffenstillstand im Donbas hatte nie gehalten, und beiden Seiten sind Waffenstillstandsverletzungen durch die OSZE-Beobachtungsmission vor Ort nachgewiesen worden. Doch hat es im Donbas niemals einen «Genozid» an der russischsprachigen Bevölkerung gegeben. Putins Begrifflichkeiten dienten dem Zweck, der russischen Bevölkerung gegenüber die Dringlichkeit der Lage zu betonen. Die Rede am 21. Februar endete mit der Anerkennung der deklarierten Unabhängigkeit der sogenannten Volksrepublik Donezk und der Volksrepublik Luhansk. In ihrer Substanz kam sie einer Kriegserklärung an die Ukraine gleich.

Putins Rede am Tag der groß angelegten Invasion am 24. Februar knüpfte nahtlos an die vorangegangene Rede an. Die Wörter «Genozid», «Nationalisten», «Neonazis» wurden erneut bemüht, ebenso wie das Mitgefühl Russlands und die Behauptung, das Leiden der Menschen beenden zu wollen. Nahtlos gingen die Bemerkungen über die Unabhängigkeit der «Volksrepubliken» in die Behauptung über, Russland müsse sich selbst verteidigen und russische Staatsbürger sowie die Zivilbevölkerung in den «Volksrepubliken» schützen. Putin bezeichnete den Angriff als «militärische Spezialoperation» und nannte als diffuse Ziele die «Entmilitarisierung» und «Entnazifizierung» der Ukraine. Der Angriff zielte also in erster Linie auf die Regierung in Kiew ab und noch nicht auf das ukrainische Volk insgesamt. Auch der ukrainischen Armee wurde in Aussicht gestellt, verschont zu werden, solange sie die Waffen niederlege.

In den frühen Morgenstunden des 24. Februar griff Russland die Ukraine aus verschiedenen Richtungen gleichzeitig an – mit Luftangriffen auf die Hauptstadt Kiew und die Großstadt Charkiw sowie auf Städte in der Zentral- und Westukraine. Panzerkolonnen rückten von Norden und Osten auf die Hauptstadt vor. Das Ziel schien die Einnahme Kiews zu sein, um einen

Regierungswechsel zu erzwingen. Die Kriegsziele wurden im Laufe dieser dritten Kriegsphase von Putin, von Außenminister Sergei Lawrow und Dmitri Medwedew, dem stellvertretenden Leiter des Sicherheitsrats, immer umfassender und direkter benannt: Es geht um die Zerstörung des ukrainischen Staats und der Idee einer eigenständigen ukrainischen Nation.

Die EU hatte sich im Vorfeld der Invasion auf eine Reihe von Sanktionen verständigt und Russland damit gedroht, ohne jedoch deren Ausmaß und Abfolge zu spezifizieren. Am 22. Februar stoppte die deutsche Bundesregierung das Zertifizierungsverfahren für die Gaspipeline Nord Stream II. Zwischen dem 23. Februar und dem 3. Juni verhängte die EU sechs neue Sanktionspakete gegenüber Russland und verlängerte bestehende Sanktionen bzw. passte diese an. Neben gezielten Sanktionen gegen Personen, die mit der Anerkennung der Unabhängigkeit der «Volksrepubliken» und der Invasion in Verbindung stehen, wurden Sanktionen im Finanz-, Energie- und Verkehrssektor sukzessive ausgedehnt. Mehrere russische Banken wurden vom internationalen Zahlungssystem SWIFT ausgeschlossen und zusätzliche Ausfuhrkontrollen, eine restriktivere Visumspolitik und ein Verbot von russischen Sendern im Ausland eingeführt. Ein EU-Kohlenembargo wurde mit einer Übergangsfrist und ein EU-Embargo gegen Einfuhren von russischem Rohöl und raffinierten Erdölerzeugnissen mit Ausnahmen für Ungarn und die Slowakei umgesetzt. Die USA, Großbritannien, Kanada, die Schweiz und andere Länder verhängten ebenfalls Sanktionen. Der begrenzte Zugang Russlands zu Finanz- und Kapitalmärkten und zu westlichen Technologietransfers werden mittel- und längerfristig ihre Wirkung auf die russische Wirtschaft entfalten, das jetzige Kriegsgeschehen aber kaum direkt beeinflussen.

Von der Entscheidung Selenskyjs, sich nicht gleich nach dem Großangriff auf Kiew außer Landes oder in Lwiw in der Westukraine in Sicherheit zu bringen, ging ein wichtiges Signal aus – sowohl für die Mobilisierung der ukrainischen Armee als auch für den Widerstand der Bevölkerung. Selenskyj wuchs schnell in die Rolle des Kriegspräsidenten hinein und füllte diese mit täglichen Videobotschaften an die ukrainische Gesellschaft und westliche Regierungen sowie durch seine virtuelle Teilnahme an Sitzungen der EU, der NATO und verschiedener nationaler Parlamente aus. Was als Blitzkrieg begann, geriet bald ins Stocken. Eine russische und eine ukrainische Delegation nahmen schon in der ersten Kriegswoche direkte Verhandlungen auf. Die ersten Gespräche wurden in Belarus geführt, einmal nahe der russischen Grenze, einmal nahe der polnischen Grenze. Belarus ist für die Ukraine keineswegs ein neutrales Territorium. Daher zeugte die risikobehaftete Reise der ukrainischen Delegation zu den ersten Verhandlungen davon, dass die ukrainische Seite die Optionen prüfen wollte und selbst ernsthafte Angebote einbrachte, unter anderem den Verzicht auf einen NATO-Beitritt. Im Gegenzug für Neutralität forderte die Ukraine belastbare Sicherheitsgarantien. Bisher ist unklar, welche Art von Sicherheitsgarantien dies sein könnten. Nachdem das Budapester Abkommen von 1994 die Krim-Annexion nicht stoppen konnte, werden konsultative Mechanismen ohne Zusage militärischer Unterstützung kaum ausreichen. Bisher zeigte Russland jedoch keinen politischen Willen, ernsthaft über die Neutralität der Ukraine zu verhandeln, wie zwei weitere Verhandlungsversuche in der Türkei zeigten.

Die Einnahme Kiews gelang den russischen Truppen nicht. Die Annahme, dass sie als Befreier in der Ukraine begrüßt würden, erwies sich als völlige Fehlannahme. Die russischen Truppen waren schlecht vorbereitet; viele wussten anscheinend gar nicht, dass sie in einen Krieg zogen. Lange Panzerkolonnen auf den Zubringerstraßen nach Kiew hatten mit logistischen Problemen zu kämpfen und waren ein einfaches Ziel für die für diese Art der Auseinandersetzung gut gewappneten, mobilen ukrainischen Streitkräfte. In dieser Phase konnte die ukrainische Armee ihre eigenen Bestände wie auch die ersten westlichen Waffenlieferungen, v. a. Panzerabwehrwaffen und handgehaltene Luftabwehrraketen, effektiv einsetzen. In Kiew selbst hätten sich die russischen Truppen letztendlich auf einen riskanten Straßen- und Häuserkampf einlassen müssen. Die russische Kriegsführung lernte aus den Fehlern dieser Phase, zog sich aus Kiew und dem Nordosten zurück und konzentrierte sich auf andere Städte im Osten und Süden der Ukraine. Beim Rückzug russischer Truppen aus den Vororten Kiews und den Gebieten westlich von Charkiw wurde das Ausmaß an russischen Kriegsverbrechen deutlich, so zum Beispiel in Butscha und Irpin. Immer neue Gräueltaten kommen zutage. Sie werden für die zukünftige Aufarbeitung dokumentiert. Russland werden Kriegsverbrechen und Verbrechen gegen die Menschlichkeit vorgeworfen, einige Experten schätzen das Vorgehen gegen die ukrainische Zivilbevölkerung bereits als Genozid ein. Das Ausmaß an Zerstörung ist ein weiteres Indiz dafür, dass der Landgewinn vor allem Mittel zum Zweck ist auf dem Weg zum angepassten Kriegsziel: Es geht nicht mehr «nur» um die Beseitigung der Regierung in Kiew, wie in den ersten Kriegstagen, sondern darum, den ukrainischen Staat zu brechen und so weit wie möglich zurückzudrängen.

Die strategisch wichtige ukrainische Hafenstadt Mariupol fiel erst in russische Hände, nachdem die Stadt fast völlig zerstört war und sich die letzten im Azowstahlwerk unter menschenunwürdigen Bedingungen verschanzten Soldaten und Zivilisten im Mai 2022 ergaben. Russlands Vorstoß auf Cherson gelang, obwohl sich in dieser Stadt unter russischer Kontrolle zunächst regelmäßig Proteste gegen die Besatzer formierten. Pläne, ähnlich wie in Donezk und Luhansk Marionettenrepubliken zu installieren, die ihre Scheinunabhängigkeit oder ihren Beitritt zur Russländischen Föderation erklären könnten, konnten von Russland nicht so schnell umgesetzt werden wie geplant. An dieser Option wird in Verbindung mit Repressionen weiter gearbeitet. Odesa wäre ein wichtiges strategisches Ziel für Russland, da die Stadt der letzte ukrainische Schwarzmeerhafen ist. Vor der Küste von Odesa gelang den ukrainischen Streitkräften mit dem Versenken des Flaggschiffs der Schwarzmeerflotte «Moskwa» ein symbolträchtiger Schlag. Die Vorgeschichte hat es sogar auf eine Briefmarke der ukrainischen Post geschafft. Auf ihr zeigt ein ukrainischer Grenzsoldat dem Schiff «Moskwa» vom Land aus den Mittelfinger. Diese Darstellung beruht auf der Haltung des abgebildeten ukrainischen Grenzsoldaten auf der vorgelagerten Schlangeninsel, auf der er am ersten Tag des

Angriffs von russischen Streitkräften aufgefordert wurde, sich zu ergeben. Er erteilte dieser Aufforderung eine klare Absage – auf sie bezieht sich die Darstellung auf der Briefmarke, die die Idee von Widerstand symbolisch einfängt und aufgeklebt weitergetragen wird, und in der Ukraine zum Sammelobjekt wurde.

Ein Landkorridor vom Donbas bis Mariupol und zum Dnjepr-Kanal ist derzeit unter russischer Kontrolle und damit besteht eine Landverbindung zur Krim, wodurch ein Teilziel – deren Wasserversorgung – erreicht wäre. Trotz dieser Landgewinne musste sich die russische Armee jedoch neu aufstellen. Ihre logistischen Probleme bei den in Richtung Kiew entsandten Panzerkolonnen waren erstaunlich offensichtlich. Die russische Armee scheint aus ihren Fehlern gelernt zu haben. Nach einem Teilrückzug konzentrierte sich die russische Armee auf die Regionen Luhansk und Donezk und setzte dort auf ihr militärisches Übergewicht und Durchhaltevermögen. Auch wenn in regelmäßigen Abständen Städte im ganzen Land bombardiert werden, z. B. Lwiw und Wynnytsya, so wird im Donbas ein auf eine langsame Abnutzung angelegter Artilleriekrieg geführt. Das Übergewicht an Artillerie unterschiedlicher Reichweite lässt Russland langsam seine Kontrolle ausweiten, u. a. auf die letzten beiden Großstädte des Luhansker Gebiets, Sewerodonezk und Lyssytschansk. Es zeichnet sich ab, dass dieser Krieg noch mehrere Monate, vielleicht Jahre andauern wird. Die Ukraine ist auf westliche Waffenlieferungen – unter anderem Panzer, Mehrfachraketenwerfer und Munition – angewiesen. Einige NATO-Mitgliedstaaten liefern beständig, andere zögerten bzw. fehlte ihnen das, was gebraucht wird, in den eigenen Beständen. Zu dieser Gruppe der NATO-Staaten gehörte Deutschland zumindest in den ersten vier Monaten der Invasion. Neben einem historischen Umdenken in Bezug auf Waffenlieferungen in Kriegsgebiete und einem neuen politischen und gesellschaftlichem Bewusstsein für die Rolle der Bundeswehr sieht sich die deutsche Außenpolitik mit der Notwendigkeit konfrontiert, Annahmen der deutschen Russlandpolitik zu revidieren und die Erwartungen in Ost(mittel)europa an eine klare Positionierung Deutschlands anzuerkennen.

Das Ausmaß der Fluchtbewegung seit dem 24. Februar ist enorm. Schon bis Ende März hatten etwa 4 Millionen Menschen das Land verlassen, darunter überwiegend Frauen und Kinder, da Männer zwischen 18 und 60 Jahren unter geltendem Kriegsrecht nicht ausreisen dürfen. Bis Ende Juni lagen die UNHCR-Schätzungen bei insgesamt etwa 7 Millionen Grenzübertritten und etwa 5 Millionen Personen, die in den Nachbarstaaten geblieben sind. Hinzu kommen mindestens 7 Millionen Binnenflüchtlinge. Bei einem Land mit einer Bevölkerung von knapp über 40 Millionen Menschen, heißt dies, dass über ein Viertel der Bevölkerung in Bewegung ist, darunter mehr als die Hälfte aller Kinder. In absoluten Zahlen hat das Nachbarland Polen die meisten Geflüchteten aus der Ukraine aufgenommen: laut Schätzungen über 3 Millionen Menschen. Über 800 000 Geflüchtete waren bis Juli 2022 in Deutschland registriert. Relativ zur Bevölkerung hat das kleine Land Moldau den meisten ukrainischen Geflüchteten geholfen: Bei einer Gesamtbevölkerung von ca. 1,5 Millionen Menschen nahm das Land zumindest temporär etwa 500 000 Geflüchtete auf. Etwa eine Million Menschen sind nach Russland geflohen oder deportiert worden, viele von ihnen über Filtrationslager.

Bereits am Tag nach dem Großangriff verabschiedete die UN-Vollversammlung eine Resolution mit Bezug auf die UN-Charta, die den Angriff Russlands als völkerrechtswidrig bezeichnete und Russland zum sofortigen Stopp seiner Kriegshandlungen aufrief. Insgesamt unterstützten 141 von insgesamt 193 Staaten diese Resolution. Dagegen stimmten neben Russland nur vier Staaten: Belarus, Syrien, Nordkorea und Eritrea; 35 Staaten enthielten sich – darunter China. Der UN-Sicherheitsrat ist in dieser Angelegenheit durch die Vetorechte Russlands und Chinas machtlos. Im April verabschiedete die UN-Vollversammlung eine weitere Resolution über den Ausschluss Russlands aus dem UN-Menschenrechtsrat. Hier sah die Stimmenverteilung schon anders aus: 93 Staaten votierten für die Resolution, 24 waren dagegen und 58 Staaten enthielten sich. An diesem Kräfteverhältnis lässt sich ablesen, dass Russland bei weitem nicht so international isoliert ist, wie im Westen oft betont wird. Hinzu kommen viele Länder, die das Sanktionsregime nicht mittragen oder bewusst an den Sanktionen vorbei agieren. Hierzu gehören z.B. Indien, Israel, die Türkei, Südafrika und Brasilien.

Bisher sind die NATO und die EU intern relativ geeint gewesen, auch wenn innerhalb der EU die Verständigung auf das Ölembargo gegenüber Russland die Grenzen der Kooperation zeigte. Die NATO als Ganzes positionierte sich klar, und zahlreiche NATO-Mitgliedstaaten machen bei Waffenlieferungen vom in der UN-Charta verbrieften Recht, einem angegriffenen Staat gegen den Aggressor beistehen zu dürfen, Gebrauch. Einzelnen NATO-Mitgliedstaaten, v.a. Deutschland, wurde z.B. von Polen und den baltischen Ländern eine zögerliche Haltung vorgeworfen, aber insgesamt ist sich die NATO der Bedeutung ihrer Einigkeit in diesem Krieg bewusst. Die NATO ist bei der Frage einer Flugverbotszone über der Ukraine konsequent zurückhaltend geblieben. Eine solche Zone würde eine direkte militärische Konfrontation zwischen der NATO und Russland wahrscheinlicher machen, denn die NATO müsste russische Kampfjets abdrängen und abschießen. Die NATO versucht, das Risiko einer Ausweitung des Kriegs mit einer Atommacht gering zu halten und zugleich die Ukraine über substantielle Waffenlieferungen mittel- bis langfristig zu unterstützen.

8. Die Folgen des Krieges

Der Krieg wird Russland und die Ukraine über die hohe Zahl an Kriegsopfern, Verwundeten und Geflüchteten und das gewaltige Ausmaß an Zerstörung hinaus nachhaltig verändern. Vielerorts zeichnen sich bereits die Konturen weitreichender materieller und immaterieller Veränderungen ab. In diesem Kapitel soll ohne Anspruch auf Vollständigkeit eine Bandbreite bereits sichtbarer und möglicher Effekte skizziert werden. Ein Krieg dieser Dimension rückt auch die Konsequenzen regionaler und globaler Abhängigkeiten in den Mittelpunkt, die lange bekannt waren, aber in ihrer (sicherheits)politischen Bedeutung unterschätzt wurden, so zum Beispiel die Abhängigkeiten von Energielieferungen oder Weizenexporten oder die anti-westliche, vom Kolonialismus geprägte Grundstimmung in Teilen Afrikas, Lateinamerikas und Asiens, aus der sich erklärt, weshalb man dort der russischen Aggression neutral gegenübersteht und gegenwärtige und zukünftige Beziehungen zu Russland als eine Art Rückversicherung betrachtet.

Perspektivwechsel

Einer der nachhaltigsten Effekte des Krieges ist die globale Aufmerksamkeit, die die Ukraine seit dem 24. Februar 2022 erhält. Es ist ein multiperspektivischer Blick, dessen Schlussfolgerungen und Übersetzungen in politische Antworten je nach Blickwinkel und dem Ausmaß an direkter Betroffenheit variieren. Dass die Ukraine nun auf der physischen und mentalen Landkarte verschiedener internationaler Institutionen, Regierungen, wirtschaftlicher Akteure und Bevölkerungen verankert ist, führt zumindest in Europa zu einem Perspektivwechsel, der einen differenzierteren Blick auf Ost(mittel)europa ermöglicht. Dieser Perspektivwechsel vollzieht sich gerade nicht nur auf der Ebene der politischen Eliten, sondern auch in der Mitte der Gesellschaften. Die gefühlte Entfernung zur Ukraine nimmt ab. Das seine Unabhängigkeit und Staatlichkeit verteidigende Land befreit sich aus dem kolonialen Windschatten Russlands und schreibt sich in das öffentliche Bewusstsein ein.

Ukraine

Wie die zukünftigen Grenzen des ukrainischen Staats aussehen werden, ist ungewiss. Ob und wie weit die russischen Besatzer aus dem Südosten des Landes, einschließlich der Krim, von den ukrainischen Streitkräften mit Hilfe westlicher Waffenlieferungen zurückgedrängt werden können, ist eine offene Frage. Jeder, der vorgibt, sie sicher beantworten zu können, unterschätzt die Dynamik der militärischen Entwicklungen. Auch die physische Zerstörung und ihre Folgen lassen sich bisher nur in Ansätzen erfassen. Der Wiederaufbau wird viele Jahre, wenn nicht Jahrzehnte dauern, zumal wenn der Krieg über einen langen Zeitraum mit je nach Phase unterschiedlicher Intensität geführt wird.

Zum Wiederaufbau gehören neben den Instandsetzungskosten auch die ökonomischen Schäden. Nach einer Dokumentation der Zerstörung durch die Kyiv School of Economics beliefen sich die Kosten bereits nach den ersten 100 Tagen auf knapp über 100 Milliarden Euro. Die Zerstörung umfasste vor allem Wohnhäuser und Straßen. Der Internationale Währungsfonds und die Weltbank schätzten den Einbruch der ukrainischen Wirtschaft für 2022 zudem auf 40 bis 45 Prozent. Für den Wiederaufbau, einschließlich der Infrastruktur, wurden laut Aussage der ukrainischen Regierung (zusammen mit der Kyiv School of Economics ermittelt) Mitte Mai bereits 600 Milliarden US-Dollar benötigt; außerhalb der Ukraine kursieren Zahlen bis zu 1 Billion US-Dollar. Allein 30 Milliarden wurden für den Wiederaufbau von Straßen und Brücken kalkuliert. Zur zerstörten Infrastruktur gehörten Ende Mai bereits laut Berichten der ukrainischen Regierung etwa 2000 Bildungseinrichtungen, über 600 medizinische Einrichtungen, 24 400 Kilometer

Straßen, ein Drittel der registrierten Flughäfen (11 von 36). Das Ukrainische Kulturministerium hatte überdies bis dahin knapp 370 Verbrechen gegen das kulturelle Erbe der Ukraine registriert. Unter den zerstörten Kulturgütern sind viele Kirchen, darüber hinaus Denkmäler, Museen, Theater und Bibliotheken. Angriffe auf zivile Einrichtungen und auf das Kulturerbe zählen im internationalen Recht als Kriegsverbrechen. Die Zerstörung von Kulturgütern ist in diesem Krieg international bisher weniger thematisiert worden. Dennoch wird hier besonders deutlich, worum es Putin letztendlich geht: die Zerstörung der Ukraine als unabhängige Nation. Kulturgüter sind die historischen Quellen und die konkreten räumlichen und zeitlichen Bezugspunkte der Erinnerung und Identität. Im Gegensatz zur Infrastruktur ist die Zerstörung hier irreversibel, selbst wenn Wiederaufbau auch das Vergangene reflektiert.

Ein Teil der Zerstörung durch den Krieg wird sich beheben lassen. Eine zentrale Frage wird sein, was man eng am ursprünglichen Vorbild wieder aufbaut und was man bewusst anders erbaut, um es heutigen Bedürfnissen anzupassen und bewohnbarer, energieeffizienter oder partizipativer zu gestalten. Der Wiederaufbau ist also ein Balanceakt zwischen Erhalt und Neuanfang. Die größte Herausforderung wird die Koordination dieses Prozesses sein, um die Gesellschaft aktiv miteinzubeziehen und mit dem weiteren internen Reformprozess zu verknüpfen. Sowohl in der Ukraine als auch in der EU und in den USA dient der Marshallplan für den Wiederaufbau nach dem Zweiten Weltkrieg zunehmend als Bezugspunkt. Zum Vergleich: Über den Marschallplan, benannt nach dem damaligen US-Außenminister George Marshall, flossen zwischen 1948 und 1952 etwa 13 Milliarden US-Dollar (auf heute umgerechnet wären das knapp über 100 Milliarden) nach Vorgaben einer zentralen Behörde an über ein Dutzend Länder. Die größten Summen gingen an Großbritannien und Frankreich, an dritter Stelle stand die Bundesrepublik Deutschland. Die Unterstützung entfaltete eine Wirkung, die über die direkte finanzielle Hilfe hinausging und sich mit Hoffnungen auf bessere Lebensbedingungen, Wohlstand und Westintegration verband.

Der Krieg verändert bereits jetzt die politische Landschaft in der Ukraine. Unter dem derzeit geltenden Kriegsrecht ließ Selenskyj im März 2022 die im Südosten lange Zeit dominanten politischen Kräfte verbieten, über die Russland Einfluss ausübt bzw. ausüben könnte. Das Verbot trifft vor allem die derzeit größte Partei dieser Art, die «Oppositionsplattform – Für das Leben», deren Vorsitzender, Wiktor Medwedtschuk, enge persönliche Verbindungen zu Wladimir Putin hat. Die Partei und ihr Vorgänger, die «Partei der Regionen» des ehemaligen Präsidenten Wiktor Janukowitsch, gegen den sich die Euromaidan-Proteste richteten, lassen sich am besten als Konglomerate aus wirtschaftlichen und politischen Interessen beschreiben, die von internen Rivalitäten geprägt sind. Die regionalen Oligarchen hinter dieser und ähnlichen, kleineren Parteien sind in ihrer wirtschaftlichen Ausrichtung nicht auf Russland festgelegt; viele orientieren sich seit Jahren bewusst gen Westen und profitieren stärker als kleine oder mittelständische Betriebe von den Wirtschaftsbeziehungen im Rahmen des vertieften Freihandelsabkommens mit der EU. Daher greift die Bezeichnung «prorussische Parteien» zu kurz. Was die Oligarchen vereinte, war vielmehr ihr Interesse daran, die Reformen im Bereich der Korruptionsbekämpfung zu behindern.

Zunächst gilt das Parteienverbot bis zum Ende des Kriegsrechts. Auch ohne das Verbot hat der Krieg auf lokaler Ebene begonnen, politische Loyalitäten und den ohnehin losen Zusammenhalt dieser Parteien zu unterminieren. Der reichste und einflussreichste ukrainische Oligarch, Renat Achmetow, dem unter anderem das lange umkämpfte Stahlwerk Azowstahl in Mariupol gehört, hat sich trotz seiner Auseinandersetzungen mit Selenskyj deutlich auf die Seite des ukrainischen Staates gestellt. Es ist nicht ausgeschlossen, dass sich oligarchische Interessen parteipolitisch noch während des Krieges oder danach neu organisieren, auch sie werden sich an die durch den Krieg geschaffenen Bedingungen anpassen müssen. Die Abhängigkeit von westlichen Geldern für den Wiederaufbau dürfte die Westorientierung unter denjenigen Oligarchen, deren Besitztümer den Krieg überstehen, verstärken. Auch wenn es erste Anzeichen dafür gibt, dass der alte Wettstreit zwischen Selenskyj und seinem Vorgänger Poroschenko wieder aufbricht, so ist eines ihrer Hauptinteressen identisch: die Integration der Ukraine in westliche Strukturen.

Die Grenze zwischen der Ukraine und Russland hat sich in jeder Hinsicht so verhärtet, dass auch persönliche Beziehungen zur Disposition stehen. Binnenflucht und Flucht ins Ausland führen allerdings zu neuen Kontakten zwischen Ukrainern und Ukrainerinnen aus verschiedenen Teilen der Ukraine. Diese Erfahrung lässt die nach 2014 noch gefühlte Distanz zwischen Lwiw und Sewerodonezk oder Donezk kleiner werden. Auch ein teilweiser Wandel in der Sprachpraxis, der bereits mit dem Euromaidan begonnen hatte, zeichnet sich als Kriegsfolge ab. Die Identifikation mit der Muttersprache Ukrainisch, eine symbolische Kategorie, die nicht mit Sprachpraxis gleichzusetzen ist, war in den letzten Jahren weiter angestiegen. Es gibt Berichte und Beobachtungen, denen zufolge russischsprachige ukrainische Staatsbürger bewusst in ihrem Lebensalltag auf Ukrainisch umsteigen. Es ist eine offene Frage, ob sich dieser Trend längerfristig verstärken wird.

Gesellschaftliche Strukturen werden im Krieg sowohl zerstört als auch neu geschaffen. Die Ukraine hatte über viele Jahre, insbesondere seit 2004 und 2013–14 eine aktive Zivilgesellschaft aufgebaut. Aufgrund der Tatsache, dass viele zivilgesellschaftliche Akteure rasch den logischen Schritt vollzogen haben, sich im Krieg direkt für die Landesverteidigung zu engagieren, oftmals über die territorialen Verteidigungseinheiten, sind nun auch prominente Vertreter und Vertreterinnen der Zivilgesellschaft unter den Gefallenen, Verwundeten und Traumatisierten. Auch die Flucht innerhalb der Ukraine und in die Nachbarländer entzieht zivilgesellschaftlichen Strukturen Ressourcen für ihr Engagement. Andererseits engagiert sich momentan gerade fast die gesamte Gesellschaft und schafft so die Grundlage für eine neue, bzw. erweiterte Zivilgesellschaft.

Auch die komplexe Situation der Kirchen in der Ukraine verändert sich durch den Krieg. Seit 1992 war die orthodoxe Kirche in der Ukraine intern gespalten zwischen dem Moskauer und dem Kiewer Patriarchat. Anfang 2019 wurde die Ukrainische Orthodoxe Kirche durch das Ökumenische Patriarchat von Konstantinopel als unabhängig anerkannt. Der Angriffskrieg seit Februar 2022 hat dazu geführt, dass sich nun auch die Ukrainische Orthodoxe Kirche des Moskauer Patriachats von Moskau distanziert hat. Ob dies allerdings zu einer Versöhnung zwischen den orthodoxen Kirchen in der Ukraine führen wird, ist ungewiss. Auch im Ausland ergeben sich in Kirchenkreisen sowohl neue Spannungen als auch neue Kontakte über Geflüchtete. Die Auslandsgemeinden der Orthodoxen Kirche gehören oftmals zum Moskauer Patriarchat und sehen sich jetzt mit der Herausforderung konfrontiert, Position zu beziehen.

Russland

Die drei Phasen des Krieges hatten und haben unterschiedliche Auswirkungen auf Russland selbst. Während die Krim-Annexion die Zustimmung für Putin ansteigen ließ und zu einer positiven Grundstimmung beitrug, bewirkte der Donbas-Krieg keine vergleichbare emotionale Mobilisierung. Er bereitete die Bevölkerung jedoch auf einen längeren Zeithorizont in der Auseinandersetzung mit der Ukraine vor, bot einen beständigen propagandistischen Anlass, um die Kriegsstimmung gegen die Ukraine und den Westen insgesamt zu schüren und damit der politischen Rechtfertigung sowie der gesellschaftlichen Akzeptanz für den Angriff auf die gesamte Ukraine den Weg zu bereiten. Die unmittelbaren, aber auch die mittel- und langfristigen Auswirkungen der Invasion seit dem 24. Februar 2022 sind auch für Russland noch weitreichender als die der ersten zwei Phasen.

Der erste unmittelbare Effekt ist eine weitere Verschärfung des autokratischen Herrschaftsstils: Entscheidungsprozesse sind auf einen noch engeren Kreis um den Präsidenten herum begrenzt. Von außen ist nicht ersichtlich, wen Putin einbezieht. Verteidigungsminister Sergei Schoigu und Generalstabschef Waleri Gerasimow werden in Gesprächen mit Putin abgebildet, aber auch hier sind es Bilder, die zugleich Distanz widerspiegeln. Zur fortschreitenden Autokratisierung gehört auch ein weiterer Ausbau der Repressionen gegen alle, die den Krieg und damit Putin in Frage stellen. Das Wort «Krieg» darf nicht verwendet werden – im russischen Sprachgebrauch handelt es sich weiterhin um eine «militärische Spezialoperation». Dieser Begriff soll ausdrücken, dass eine notwendige, aber vom Ausmaß und ihren Kosten her begrenzte und sorgfältig kontrollierte militärische Operation durchgeführt werde. Hohe Haft- und Geldstrafen können sowohl bei der Verwendung des Wortes «Krieg» als auch bei jeglichen Protesten gegen Krieg verhängt werden. Den Anti-Kriegspetitionen und einzelnen Protesten der ersten Tage und Wochen nach dem 24. Februar wurde damit ein Ende gesetzt. Noch existierende unabhängige Medien wurden geschlossen oder umfunktioniert. Der Plan, Russland ein «souveränes Internet» zu geben, wurde ebenfalls beschleunigt. Über VPN und Messenger-Dienste ist weiterhin Zugang zu gesperrten Inhalten möglich, aber dies erfordert Know-how und die aktive Suche nach alternativen Informationsquellen.

Die Auswirkungen der von der EU und den USA sukzessive verhängten Sanktionspakete werden für die russische Wirtschaft insgesamt und damit auch für die Bevölkerung spürbar, aber diese Effekte sind zunächst durch Russlands über Jahre aufgebauten Nothilfefonds – auch wenn etwa die Hälfte auf ausländischen Konten eingefroren wurde –, durch eine aktive Finanzpolitik der russischen Zentralbank, die gestiegenen Preise für Rohstoffexporte sowie die Abnahme zusätzlicher Rohstoffimporte von Ländern wie China und Indien abgefedert worden. Es kam zu Preiserhöhungen und Hamsterkäufen sowie zu temporären Obergrenzen beim Abheben von Bargeld in ausländischen Devisen. Die Inflation und die Teuerungsrate werden weiter steigen. Die Sanktionspakete der EU folgten der Logik, den Druck auf Russland schrittweise zu erhöhen und gleichzeitig den nötigen Konsens und Durchhaltewillen im Westen zu erhalten. Die Tatsache, dass die EU sich durch die großen Abhängigkeiten zunächst nicht auf umfassende Energieembargos einigen konnte und dann bei Kohle und Öl zeitversetzte Teil-Embargos beschloss, beließ aber einen gewissen Spielraum bei Russland. Der unmittelbare Druck auf die Bevölkerung wird steigen, wenn Ersatzteile in Produktionsstätten fehlen und Technologietransfers nicht kurzfristig ersetzt werden können. Die politischen Implikationen des steigenden wirtschaftlichen Drucks sind jedoch offen. Kritik an der Regierung wird nicht unbedingt Druck von unten mobilisieren. Eine noch höhere Abhängigkeit von staatlicher Hilfe kann auch dazu beitragen, dass die Bevölkerung noch apolitischer wird.

Schon in den ersten Wochen und Monaten des Krieges haben Tausende das Land verlassen, u.a. nach Armenien, Georgien, nach Zentralasien und in die Türkei. Diese Welle der politisch motivierten Migration wird sich ausweiten. Es handelt sich um einen Brain Drain, aber zugleich bietet die Emigration der russischen Regierung auch einen Schutz gegen eine politische Mobilisierung, die für das System zum Risiko werden könnte.

Von außen wird der Zugang zu Russland auch für Wissenschaft und Zivilgesellschaft auf lange Sicht so gut wie unmöglich sein. Damit verringert sich die westliche Expertise zu Russland und wird über von außen zugängliche Quellen und russische Experten und Expertinnen auf Dauer nur begrenzt ersetzt werden können. Empirische sozialwissenschaftliche Forschung ist etwas anderes als Kremlinologie, die in Ermangelung anderer Quellen aus der Ferne versucht, Zeichen zu deuten.

Die größten offenen Fragen sind, wie lange sich die Realität dieses Krieges samt seiner Opferzahlen vor der Bevölkerung Russlands verbergen lässt und wie sich die einzelnen Menschen und die Gesellschaft als Ganzes der Realität und der damit verbundenen Schuldfrage stellen werden. Dieser Prozess wird eine Aufgabe für mehrere Generationen sein.

Internationale Politik

Vier Tage nach dem Beginn der russischen Großoffensive übermittelte die Ukraine der EU ihr offizielles Beitrittsgesuch. Moldau und Georgien zogen kurze Zeit später nach. Am 23. und 24. Juni folgte der Europäische Rat, die Vertretung der Regierungen der EU-Mitgliedstaaten, der zuvor ausgesprochenen Empfehlung der EU-Kommission, der Ukraine und Moldau den

Kandidatenstatus zu geben. Es ist vom Prinzip her eine historische Entscheidung – in ihrer potentiellen Tragweite mit der Entscheidung für die EU-Osterweiterung Anfang der 1990er und der Gründungsphase der Europäischen Gemeinschaft für Kohle und Stahl Anfang der 1950er Jahre vergleichbar, als es darum ging, zwischen Deutschland und Frankreich in einer «Solidarität der Tat» – so die Worte des damaligen französischen Außenministers Roland Schuman – über den gemeinsam regulierten Zugang zu Ressourcen den Frieden zu erhalten.

Der Kandidatenstatus ist ein erster Schritt auf dem mitunter langen Weg zur EU-Mitgliedschaft. Der Status an sich erfordert Einstimmigkeit im Europäischen Rat, ebenso wie die voraussichtlich erst nach dem Krieg anstehende Frage nach der Aufnahme von Verhandlungen. Die Anerkennung des Kandidatenstatus' eines Landes, das sich offiziell um den Beitritt zur EU bewirbt, ist keine bürokratische Entscheidung der EU, bei der es um das Abhaken von präzisen Kriterien geht. Die sogenannten Kopenhagener Kriterien, die die EU 1993 in Vorbereitung auf die Osterweiterung formulierte, beschreiben essentielle Merkmale, die jedoch allgemein gehalten sind und Interpretationsspielraum lassen. Die Kriterien beziehen sich auf die Stabilität demokratischer Institutionen, die Rechtsstaatlichkeit inklusive Menschen- und Minderheitenrechte, auf eine funktionierende Marktwirtschaft, die sich in den Binnenmarkt integrieren kann, und auf die Kapazität des jeweiligen Landes, das komplexe Regelwerk *(Acquis)* der EU zu übernehmen. Ein viertes, anders gelagertes Kriterium beschreibt die Kapazitäten der EU, das neue Land aufzunehmen. Über den politischen Spielraum bei der Interpretation hinaus, den die EU schon mehrfach genutzt hat, kommen diese Kriterien sowohl bei der Entscheidung über den Kandidatenstatus zum Einsatz als auch während der folgenden Beitrittsverhandlungen, in denen sie als Messlatte dienen.

Die Mitgliedstaaten diskutierten die Entscheidung bis zuletzt kontrovers und selbst unter den unterstützenden Regierungen kam viel Wortakrobatik zum Einsatz, um den langen Weg zur Vollmitgliedschaft und die Notwendigkeit der EU, sich selbst zu reformieren, zu betonen. Mit dem Kandidatenstatus weitet sich die gemeinsame Vorstellungskraft innerhalb der EU. Dazu gehört auch eine neue Art von Verantwortungsbewusstsein für den Wiederaufbau im Sinne eines schrittweisen Reformprozesses. Politik und Gesellschaft in der Ukraine erhalten mit dieser konkreten Perspektive einen klaren Orientierungspunkt für ihren Reformprozess und Wiederaufbau. Der erste Schritt in Richtung EU-Mitgliedschaft für die Ukraine belebt auch die Erweiterungslogik der EU insgesamt: Die Bedeutung der «gemeinsamen Werte» aus den EU-Verträgen wird inmitten des Krieges für alle greifbar. Darüber hinaus wird im Zusammenhang mit den Sanktionen gegenüber Russland und der EU-Perspektive für die Ukraine der Reformbedarf innerhalb der EU noch ersichtlicher, insbesondere der Schritt von Konsens- zu Mehrheitsentscheidungen. In den kommenden Monaten und Jahren wird sich zeigen, ob die EU dieser Aufgabe gewachsen ist oder ob sich interne Spaltungen vor dem Hintergrund der in den Mitgliedstaaten zu spürenden wirtschaftlichen Kosten des Krieges verstärken.

Der Krieg unterstreicht die zentrale Rolle der NATO und die Bedeutung der strategischen transatlantischen Kooperation in der Außen- und Sicherheitspolitik. Die NATO als Institution wird aufgewertet und verändert sich rapide noch während dieses Krieges. Budgetdebatten, die jahrelang stockten, generieren jetzt Versprechen, die über die zuvor angestrebten 2 Prozent der Haushaltsausgaben für Verteidigung hinausgehen. Finnland und Schweden werden der NATO in Kürze beitreten und damit ihre Neutralität endgültig aufgeben. Die NATO-Präsenz an ihrer Ostgrenze wird gestärkt, unter anderem im Baltikum, in Polen und in Rumänien. Der NATO-Gipfel in Madrid Ende Juni 2022 signalisierte eine Neuorientierung. Mit dem strategischen Konzept, dem ersten seit 2010, definiert und bestärkt die NATO ihre Werte, ihren Zweck und ihre Ziele. Die Kernaufgaben bleiben dieselben: Abschreckung und Verteidigung, Krisenprävention und kooperative Sicherheit. Sie werden dem neuen sicherheitspolitischen Kontext angepasst. Verfasst als ein Signal transatlantischer Geschlossenheit, benennt das auf dem Gipfel beschlossene neue strategische Konzept der NATO Russland klar als «die größte und unmittelbarste Bedrohung für die Sicherheit der Verbündeten und für Frieden und Stabilität im euroatlantischen Raum». Zu den konkreten Beschlüssen des Gipfels gehört die Aufstockung der NATO-Eingreifkräfte auf rund 300 000 Soldatinnen und Soldaten. Das Konzept betont die transatlantische Einigkeit und macht deutlich, dass niemand an der Stärke und Entschlossenheit der NATO, jeden Zentimeter des Bündnisgebiets zu verteidigen, zweifeln sollte. Die Gefahr durch China wird ebenfalls zum ersten Mal klar benannt. Die NATO hält ihre Tür bewusst geöffnet und will sich insbesondere auf die Partnerschaften mit Bosnien-Herzegovina, Georgien und der Ukraine konzentrieren. Die im Krieg ersichtliche Schlüsselrolle der USA in der transatlantischen Sicherheitspolitik macht die Zukunft der Allianz allerdings auch von den Prioritäten der nächsten US-Administration abhängig.

Internationale (Un-)Ordnung

Über die Folgen eines Krieges kann man auch in der Form von Lernprozessen auf nationaler und internationaler Ebene nachdenken. Nicht nur unter den Eliten, sondern auch in den Gesellschaften, insbesondere in Europa, vollzieht sich gerade vielerorts ein Nach- und Umdenken, vor allem im Hinblick auf Begriffe wie Sicherheit und Frieden. Dieser Prozess lässt sich als Geopolitisierung der Gesellschaften Europas bezeichnen. Vor allem in Westeuropa war die Hoffnung fest verankert, den Frieden durch vielfältige Verflechtungen, insbesondere wirtschaftlicher Art, erhalten zu können. Diese Vorstellung ist auch in der deutschen Außen- und Sicherheitspolitik lange Zeit dominant gewesen und prägte nicht zuletzt die Haltung gegenüber Russland. Russlands Invasion seit dem 24. Februar 2022 hat die Grundlagen dieser Politik in Frage gestellt. Frieden und Sicherheit wieder verstärkt von einer militärischen Komponente her zu denken ist insbesondere in Deutschland eine Verschiebung grundlegender Prinzipien. Bundeskanzler Olaf Scholz rief Ende Februar im Bundestag eine «Zeitenwende» aus. Mit dem Begriff verband sich zunächst die Ausweitung der Unterstützung durch Waffenlieferungen und ein Sondervermögen für die Modernisierung der Bundeswehr von 100 Milliarden Euro. Im Folgenden wurde die Bundesregierung allerdings immer wieder wegen ihrer nur zögerlichen Unterstützung der Ukraine mit schweren Waffen kritisiert. Der Begriff der «Zeitenwende» wurde zur Beschreibung der Notwendigkeit eines noch umfassenderen Umdenkens.

Neben einer allgemeinen Unsicherheit angesichts des Verlusts früherer Gewissheiten wird nun auch die zuvor abstrakte Idee der Systemkonkurrenz zwischen Demokratien und Autokratien konkreter. Zugleich ist zu erkennen, dass eine einfache Gegenüberstellung politischer Systeme nicht deckungsgleich ist mit dem Abstimmungsverhalten bei UN-Resolutionen und der (Nicht-)Beteiligung an westlichen Sanktionen. Der Systemkonflikt verläuft eher zwischen Ländern, die früher Kolonien westlicher Mächte waren, und dem Rest. Anti-westliche und -kolonialistische Haltungen werden von der russischen Regierung in ihrer Propaganda bewusst genutzt, und die wirtschaftlichen Beziehungen zu Russland dienen als eine Art Absicherung oder Alternative gegenüber Beziehungen zu westlichen Staaten, denen man nicht ganz traut. Die Rede des kenianischen UN-Botschafters bei der ersten UN-Vollversammlung nach dem 24. Februar, in der er vor allem seine afrikanischen Kollegen und Kolleginnen dazu aufrief, gerade wegen der eigenen Erfahrungen mit dem Kolonialismus keinen neuen Imperialismus zu tolerieren, drückt keine regionale Mehrheitsmeinung aus.

In Bezug auf die Energieabhängigkeiten, die zwischen Demokratien und Autokratien bestehen, ist eine Diversifizierung des Risikos nun unabdingbar geworden. Eine zu starke Abhängigkeit von russischen Energieträgern zuzulassen und Teile der Energieinfrastruktur in die Hände von russischen Staatsbetrieben zu legen, hat sich u. a. in Deutschland als sicherheitspolitisch naiv erwiesen. Hier werden nun unter Hochdruck alternative Energiequellen erschlossen, einschließlich hochgefahrener Flüssiggaslieferungen und eines beschleunigten Ausbaus erneuerbarer Energien, um das russische Erpressungspotential zu reduzieren, während Putin, bewusst mit der Möglichkeit eines russischen Gaslieferstopps spielt.

Ein weiterer Lernprozess betrifft ein durch die Corona-Pandemie bereits geschärftes und nun weiter ausgebautes Verständnis für die zahlreichen globalen Verflechtungen, die erst in Krisenzeiten bewusst wahrgenommen werden. Westliche Sanktionen gegenüber Russland und Russlands Gegensanktionen führen in den global gespannten komplexen Produktions- und Lieferketten rasch zu Lücken, die nicht von heute auf morgen gefüllt werden können und auch außerhalb Russlands spürbar werden.

Der Krieg verschärft die bereits durch die Corona-Pandemie angespannte Versorgungslage auf den globalen Nahrungsmittelmärkten. Agrarrohstoffe wie Getreide und Pflanzenöle lagen schon im Herbst 2021 über dem erhöhten Preisniveau von vor etwa 10 Jahren, das einer der Auslöser des Arabischen Frühlings war, und stiegen seit der Invasion Russlands weiter an. Auf den internationalen Agrarmärkten für Nahrungs-, Futter- und Düngemittel sind seit Februar 2022 die Preise explodiert, und in der Schwarzmeerregion gibt es Lieferstopps und -engpässe. Am unmittelbarsten betroffen sind die Länder der MENA-Region (also Nordafrika und der Mittlere Osten) und Subsahara-Afrika, wo Weizen als eines der wichtigsten Grundnahrungsmittel dient und die Abhängigkeit von russischen und ukrainischen Weizenlieferungen besonders groß ist. Als unmittelbarste Folge droht etwa 200 Millionen Menschen, die ohnehin schon von Unterernährung betroffen sind, eine Nahrungsmittelkrise, so z. B. in Ägypten, Libyen, Mauretanien, Sudan, Tunesien, Libanon und Jemen. Mittelfristig könnten auch weniger importabhängige Länder betroffen sein, wenn sich inländische Preise für Weizen an die Weltmarktpreise anpassen. Russland ist weltweit der größte Weizen- und Düngemittelexporteur und die Ukraine der wichtigste Exporteur von Sonnenblumenöl sowie der viertgrößte Maislieferant. Im Zeitraum von 2015 bis 2020 betrugen die Exportanteile für Sonnenblumenöl von Russland und der Ukraine zusammen 66 Prozent, für Weizen 28 Prozent, für Mais 15 Prozent und für Düngemittel 16 Prozent.

Weltweit werden Gesellschaft und Politik gerade daran erinnert, dass die Grundfunktion von Landwirtschaft die keineswegs selbstverständliche Ernährungssicherheit ist. Die seit langem bestehenden Zielkonflikte werden noch greifbarer, zum Beispiel in der Entscheidung für eine Ausdehnung der ökologischen Landwirtschaft ohne eine nachhaltige Intensivierung der Flächenproduktivität, bei Abwägungen zwischen gewünschter Regionalität und globalen Prozessen der Biotechnologie und der Digitalisierung sowie den Anforderungen von Klima-, Tier- und Artenschutz. Die durch den Krieg spürbar gewordenen Folgen von Versäumnissen in der nationalen und internationalen Agrarpolitik zeigen zumindest den Handlungsbedarf deutlich auf und schärfen das Bewusstsein für diese Themen.

Nachbarstaaten

Der Krieg hat direkte Auswirkungen auf die Nachbarstaaten der Ukraine und Russlands. Nach der mehrere Monate andauernden Massenmobilisierung nach den manipulierten Präsidentschaftswahlen im August 2020, die Aljaksandr Lukaschenka, gestützt auf den Sicherheitsapparat und die Hilfe Putins, niederschlagen konnte, spielte Belarus für Russland eine wichtige Rolle in der Vorbereitung des Krieges. Lukaschenkas Abhängigkeit von Russland hat Putin die Möglichkeit gegeben, die russische militärische Präsenz in Belarus auszubauen. Der Angriff auf Kiew wurde gleich in den ersten Tagen der Invasion auch aus Belarus geführt. Selbst wenn das belarusische Militär nicht oder nur begrenzt eingesetzt wird, ist klar, auf wessen Seite Belarus unter Lukaschenka politisch steht. Ein großer Teil der belarusischen Gesellschaft war im Zuge der Massenproteste und deren Niederschlagung auf Distanz zum Staat gegangen. Das Vertrauen in staatliche Institutionen ist nachhaltig geschwächt. Der Krieg setzt diesen Trend fort und lässt die Spaltung von Staat und Gesellschaft noch größer werden. Es gab kleine Gesten der Unterstützung für die Ukraine, soweit dies in einem auf brutale Repressionen gestützten System möglich ist. Ein von belarusischen Aktivisten und Aktivistinnen im Ausland hervorgehobenes Risiko ist, dass die EU und westliche Partner insgesamt Belarus weniger Aufmerksamkeit schenken und in westlichen

Gesellschaften gar der Eindruck von aktiver Unterstützung für Putin wachsen könnte.

Der Krieg hat zudem direkte Auswirkungen auf die von Russland unterstützten De-facto-Staaten wie Transnistrien in Moldau und Abchasien und Südossetien in Georgien. In Transnistrien ist seit dem Ende der Sowjetunion russisches Militär stationiert. Die konkretere Perspektive für eine EU-Mitgliedschaft für Moldau wird auch die Statusfrage in Transnistrien neu beleben und die Furcht vor direkter russischer Einflussnahme oder Eskalation schüren. Zu den Ländern mit einer großen russischen bzw. russischsprachigen Minderheit gehört das autoritär regierte Kasachstan, das im Zuge des Krieges gegen die Ukraine eine wachsende Einflussnahme Russlands fürchtet, die die innere Stabilität des Staates gefährden könnte. Letztendlich hängt die Ausweitung von Russlands neo-imperialer Politik auf weitere Nachbarstaaten vom Verlauf des Krieges gegen die Ukraine ab.

«Dafür weiß ich jetzt», sagt er,
«wie Krieg ist.»
«Wie denn?», frage ich ihn.
«Wie auch immer», antwortet er.

Serhij Zhadan

Ausblick

Auf einmal ist die Ukraine überall präsent – in den Bildern und Berichten vom Krieg, als ins Stadtbild integrierte blau-gelbe Fahnen der Solidarität, in Alltagsbegegnungen mit Geflüchteten, in Diskussionen über Waffenlieferungen und in der Sorge über die wirtschaftlichen Kosten. Eine tragischere Art und Weise, sich in die mentale Landschaft Europas und der Welt einzuschreiben, gibt es nicht. Die Anforderung, die sich daraus ableitet, ist die Anerkennung (post-)imperialer Denkmuster, die zu lange die Sowjetunion mit Russland gleichsetzten und die Länder Ostmitteleuropas in ihrer politischen und kulturellen Vielfalt von unserer Wahrnehmung abkoppelten.

Hierzu gehört auch die Notwendigkeit einer kritischen Aufarbeitung der deutschen Russlandpolitik, die die sicherheitspolitische Dimension eines Großprojekts wie Nordstream 2 ausblendete und es noch bis kurz vor dem großangelegten Angriffskrieg als kalkulierbares wirtschaftliches Restrisiko betrachtete. Trotz finanzieller Unterstützung für die Reformprozesse in der Ukraine wurden die Perspektiven und Sicherheitswahrnehmungen aus Ostmitteleuropa den Beziehungen zu Russland untergeordnet. Die Herausforderung besteht in der Dekolonisierung des westlichen Blicks auf die Region Osteuropa.

Russlands Krieg gegen die Ukraine zeigt deutlich, dass 1991 in Osteuropa nicht automatisch ein postimperiales Zeitalter begann. Der Zerfall der Sowjetunion wurde zu oft als weitgehend «friedlich» bezeichnet. Diese relativierende Annahme war schon in den 1990ern mit Blick auf die Kriege in Bergkarabach, Transnistrien, Abchasien, Südossetien und Tschetschenien inkorrekt. Mit der Ausnahme von Transnistrien gingen all diese Regionen durch wiederholte Zyklen der gewaltsamen Auseinandersetzung. Es hat viel mit unserer Wahrnehmung zu tun, wenn diese ungelösten Konflikte als klein, geopolitisch unwichtig oder zumindest als verlässlich eingefroren gesehen wurden. Nun ist in aller Deutlichkeit zu sehen, wie kurzsichtig derartige Annahmen waren. Der Moment des Zerfalls der Sowjetunion verliert im Rückblick immer mehr an Signifikanz; dagegen wächst unser Bewusstsein für die mittel- und langfristigen Prozesse, die ihm folgten – bis hin zu Russlands Krieg gegen die Ukraine.

Dieser Krieg gegen die Ukraine begann nicht am 24. Februar 2022, sondern acht Jahre früher. Die Krim-Annexion, der Krieg im Donbas und schließlich die Invasion seit Februar sind drei Phasen eines Krieges. Die Ukraine entsteht nicht erst jetzt als Nation und geeinter Staat inmitten des Krieges. Dieser Prozess begann spätestens mit der Unabhängigkeit 1991 und wurde durch wiederholte Zyklen von Protesten und Transformation geprägt.

Dieses kleine Buch begann mit einem Erklärungsversuch. Statt einer deterministischen, auf die Person Putin fokussierten Deutung wurden ineinandergreifenden Entwicklungen aufgeführt, die erst in ihrem Zusammenspiel den Krieg in seinen verschiedenen Ausprägungen ermöglichten. Wladimir Putin war der Katalysator, der vor diesem Hintergrund wiederholt den Kriegsbefehl gab. In meiner Gewichtung ist dabei von zentraler Bedeutung, dass der Autoritarismus Russlands, der unter Putin zentralisierter, personalisierter und neo-imperialer wurde, in der Ukraine auf ein politisches und gesellschaftliches Gegenmodell trifft. Dieses setzt Putins Staatsräson von außen Grenzen und birgt auch innenpolitische Risiken. Beides galt es aus Putins Sicht rechtzeitig abzuwenden, um die Rückkehr zu alter Größe zu ermöglichen – die Hinterlassenschaft, mit der er in die russische Geschichte eingehen wollte. Das Paradoxe an Putins Entscheidung für den Krieg ist allerdings, dass die Risiken für sein System mit dem Krieg größer statt kleiner geworden sind.

Der erste Teil des Buchs hangelte sich an für die Ukraine zentralen Begriffen entlang: Unabhängigkeit, regionale Vielfalt, Protest und Transformation. Er versuchte auf diese Weise, gängige Fehleinschätzungen über die ethnischen, sprachlichen und regionalen Identitäten in der Ukraine aufzuzeigen. Dieser Teil skizzierte auch die langjährige Entwicklung und die Mechanismen des autoritären Systems in Russland. Der zweite Teil diskutierte die Krim-Annexion, den Krieg im Donbas und den Angriffskrieg seit dem 24. Februar als drei Phasen des Kriegs gegen die Ukraine sowie die sich abzeichnenden Folgen des Krieges.

Ein Ende des Krieges ist momentan nicht abzusehen. Für die Ukraine gibt es keine Basis für Verhandlungen und für Russland gibt es keine Notwendigkeit für Verhandlungen. Aus historischer Perspektive ist es keine Seltenheit, dass Kriege nicht beigelegt werden und über einen längeren Zeitraum schwelen und phasenhaft an Intensivität gewinnen oder verlieren. Der Dreißigjährige Krieg oder die «Russisch-Türkischen Kriege» im 19. Jahrhundert sind Beispiele für eine solche Dynamik.

Es ist eindeutig zu früh für ein Fazit. Deshalb endet dieses Buch mit einem Aspekt des gegenwärtigen Stimmungsbilds in der Ukraine. Bemerkenswerterweise dominieren inmitten von Zerstörung, Kriegsverbrechen und Flucht positive Emotionen. Einer Umfrage der Rating Group vom März 2022 zufolge empfanden 90 Prozent der Befragten Hoffnung beim Gedanken an die Situation in der Ukraine. Vor dem Krieg fühlte sich nur ein Drittel hoffnungsvoll.

Literatur

Primärquellen (in deutscher Übersetzung)

Wladimir Putin: Offen sein trotz der Vergangenheit, Ein Gastbeitrag, DIE ZEIT/ZEIT ONLINE, 22. Juni 2021; https://www.zeit.de/politik/ausland/2021-06/ueberfall-auf-die-sowjetunion-1941-europa-russland-geschichte-wladimir-putin/komplettansicht

Wladimir Putin: Rede an die Nation, 21.2.2022 (https://zeitschrift-osteuropa.de/blog/putin-rede-21.2.2022/) und Ansprache, 24.2.2022 (https://zeitschrift-osteuropa.de/blog/vladimir-putin-ansprache-am-fruehen-morgen-des-24.2.2022/)

Wladimir Putin: Rede am 9.5.2022 (ZEIT ONLINE: https://www.zeit.de/politik/ausland/2022-05/putin-rede-befreiung)

Wolodymyr Selenskyj: Ansprache an das russische Volk, 23.2.2022 (https://zeitschrift-osteuropa.de/blog/rede-von-volodymyr-zelenskyj/)

Wolodymyr Selenskyj: Videobotschaften vom 24.2.2022 (https://www.zeit.de/politik/ausland/2022-02/ukraine-wolodymyr-selenskyj-russland-krieg-videobotschaften)

Wolodymyr Selenskyj: Rede vor dem Deutschen Bundestag, 17.3.2022 (https://www.zeit.de/politik/ausland/2022-03/wolodymyr-selenskyj-rede-bundestag-ukraine)

Wolodymyr Selenskyi: Rede vor dem Europaparlament, 1.3.2022 (https://www.zeit.de/video/2022-03/6299282821001/eu-parlament-die-emotionale-rede-von-wolodymyr-selenskyj-in-voller-laenge)

Umfragen

Identity and Borders in Flux: The Case of Ukraine, ongoing research project incl. surveys (funded by British Academy (IBIF); https://ibifukraine.com/) und MOBILISE Project (funded by DFG et al., https://mobiliseproject.com/): Ukraine Wartime National Surveys, 19.–24.5.2022.

Kyiv International Institute of Socioloy (KIIS 2014a): Nationwide public opinion survey: April-Mai 2014. Online unter: https://www.kiis.com.ua/?lang=eng&cat=reports&id=319&page=6

Kyiv International Institute of Sociology (KIIS 2014b): April 2014. Online unter: https://www.kiis.com.ua/?lang=eng&cat=reports&id=302&page=1&y=2014&m=4

Kyiv International Institute of Sociology (KIIS 2021): Dezember 2021, Online unter: https://www.kiis.com.ua/?lang=eng&cat=reports&id=1079&page=1

Weiterführende Literatur

Andruchowytsch, Juri: Euromaidan. Was in der Ukraine auf dem Spiel steht. Berlin: Suhrkamp Verlag, 2014.

Atai, Golineh: Die Wahrheit ist der Feind. Warum Russland so anders ist. Berlin: Rowohlt Verlag, 2019.

Balmaceda, Margarita M.: Russian Energy Chains: The Remaking of Technopolitics from Siberia to Ukraine to the European Union. New York, NY: Columbia University Press, 2021.

Beichelt, Timm, & Susann Worschech: Transnational Ukraine? Networks and Ties that Influence(d) Contemporary Ukraine. Stuttgart: ibidem Verlag, 2017.

D'Anieri, Paul: Ukraine and Russia: From Civilized Divorce to Uncivil War. Cambridge: Cambridge University Press, 2019.

dekoder.org, Zentrum für Osteuropa und internationale Studien (ZOiS) & Forschungsstelle Osteuropa an der Universität Bremen: Archipel Krim, 2019. Online unter: https://crimea.dekoder.org/archipel

Fischer, Sabine: Der Donbas-Konflikt. Widerstreitende Narrative und Interessen, schwieriger Friedensprozess. Berlin: Stiftung Wissenschaft und Politik, SWP-Studie, 2019.

Franke, Thomas: Russian Angst. Einblicke in die postsowjetische Seele. Hamburg: edition Körber-Stiftung, 2017.

Frye, Timothy: Weak Strongman. Princeton: Princeton University Press, 2021.

Greene, Samuel A., & Graeme B. Robertson: Putin v. the People. The Perilous Politics of a Divided Russia. New Haven, CT: Yale University Press, 2019.

Gumenyuk, Nataliya: Die Verlorene Insel. Geschichten von der besetzten Krim. Stuttgart: ibidem Verlag, 2020.

Jobst, Kerstin S.: Geschichte der Krim. Iphigenie und Putin auf Tauris. Berlin/Boston: Walter de Gruyter Verlag, 2020.

Jobst, Kerstin S.: Geschichte der Ukraine. Stuttgart: Reclam Verlag, 2015.

Kappeler, Andreas: Kleine Geschichte der Ukraine. München: C.H.Beck Verlag, 2014.

Kappeler, Andreas: Russische Geschichte. München: C.H.Beck Verlag, 2022.

Kappeler, Andreas: Ungleiche Brüder. Russen und Ukrainer vom Mittelalter bis zur Gegenwart. München: Verlag C.H.Beck, 2017.

Kulyk, Volodymyr: Identity in Transformation: Russian-Speakers in Post-Soviet Ukraine. Europe-Asia Studies, 71:1, 2019, 156–178.

Kurkov, Andrej: Ukrainisches Tagebuch. Aufzeichnungen aus dem Herzen des Protests. Innsbruck: Haymon Verlag, 2014.

Minakov, Mykhailo; Georgiy Kasianov & Matthew Rojansky (Eds.): From «the Ukraine» to Ukraine: A Contemporary History, 1991–2021. Stuttgart: ibidem Verlag, 2021.
Onuch, Olga, & Gwendolyn Sasse: The Maidan in Movement and the Cycles of Protest. Europe-Asia Studies, 68:4, 2016, 556–587.
Onuch, Olga: Mapping Mass Mobilization. Understanding Revolutionary Moments in Argentina and Ukraine. London: Palgrave Macmillan, 2014.
Onuch, Olga; Henry E. Hale & Gwendolyn Sasse: Studying identity in Ukraine. Post-Soviet Affairs, 34:2–3, 2018, 79–83.
Plochy, Serhii: Das Tor Europas. Die Geschichte der Ukraine. Hoffmann und Campe Verlag, 2022.
Plochy, Serhii: Die Frontlinie. Warum die Ukraine zum Schauplatz eines Neuen Ost-West-Konflikts wurde. Hamburg: Rowohlt Verlag, 2022.
Portnov, Andrii: Polen und Ukraine. Verflochtene Geschichte, geteilte Erinnerung in Europa. Berlin: Forum Transregionale Studien, 2022.
Rjabtschuk, Mykola: Die reale und die imaginierte Ukraine. Essay. Frankfurt am Main: Suhrkamp 2013.
Sasse, Gwendolyn, & Alice Lackner: Attitudes and identities across the Donbas front line: What has changed from 2016 to 2019? Berlin: Centre for East European and International Studies (ZOiS), Report 3, 2019.
Sasse, Gwendolyn, & Alice Lackner: War and State-Making in Ukraine: Forging a Civic Identity from Below? The Ideology and politics journal, 1:12, 2019.
Sasse, Gwendolyn: Grenzen und Identitäten im Wechselspiel nach 1989/91. Aus Politik und Zeitgeschichte, 05.01.2022.
Sasse, Gwendolyn: The Crimea Question: Identity, Transition and Conflict. Cambridge: Harvard University Press, 2007.
Schlögel, Karl: Entscheidung in Kiew. Ukrainische Lektionen. München: Carl Hanser Verlag, 2015.
Snyder, Timothy: Bloodlands. Europa zwischen Hitler und Stalin. München: C.H.Beck Verlag, 2011.
Snyder, Timothy: Der Weg in die Unfreiheit. Russland, Europa, Amerika. C.H.Beck Verlag, 2019.
Wilson, Andrew: Ukraine Crisis: What It Means for the West. New Haven: Yale University Press, 2014.
Zeitschrift Osteuropa: Der Geist der Zeit. Kriegsreden aus Russland, 7/2021; https://zeitschrift-osteuropa.de/hefte/2021/7/.
Zeitschrift Osteuropa: Russlands Krieg gegen die Ukraine. Propaganda, Verbrechen, Widerstand, 1–3/2022; https://zeitschrift-osteuropa.de/hefte/2022/1-3/.
Zhadan, Serhij: Antenne. Gedichte. Berlin: Suhrkamp, 2020.
Zhurzhenko, Tatiana: Borderlands into bordered lands: geopolitics of identity in post-Soviet Ukraine. Stuttgart: ibidem Verlag, 2010.

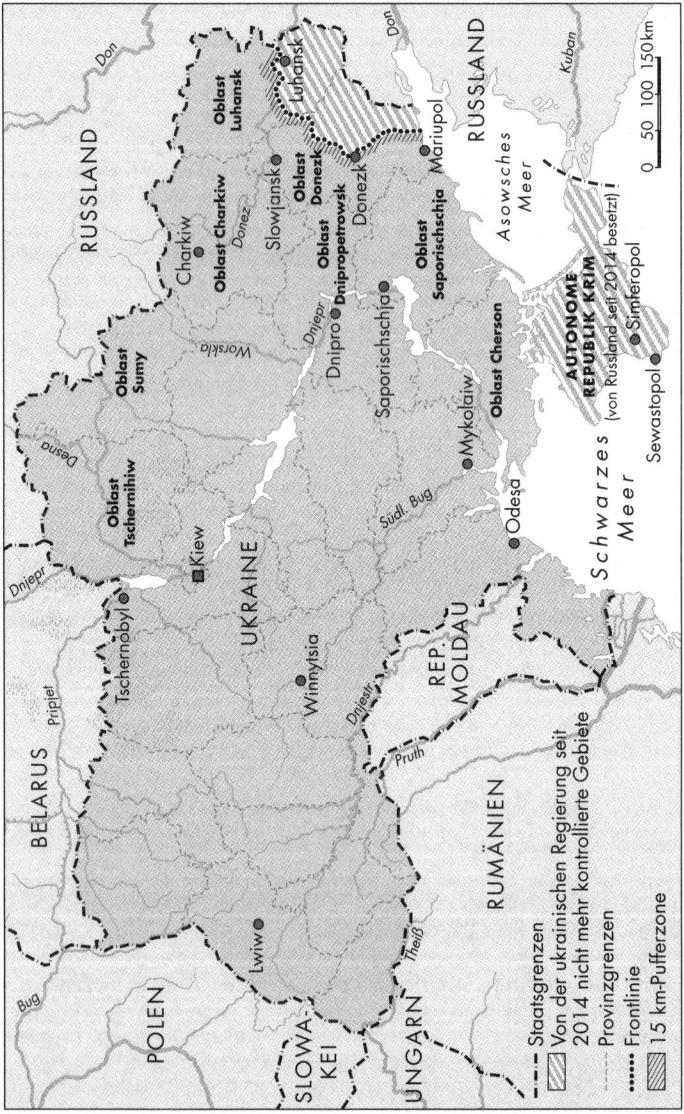

Die Ukraine vor dem russischen Angriff vom 24. Februar 2022

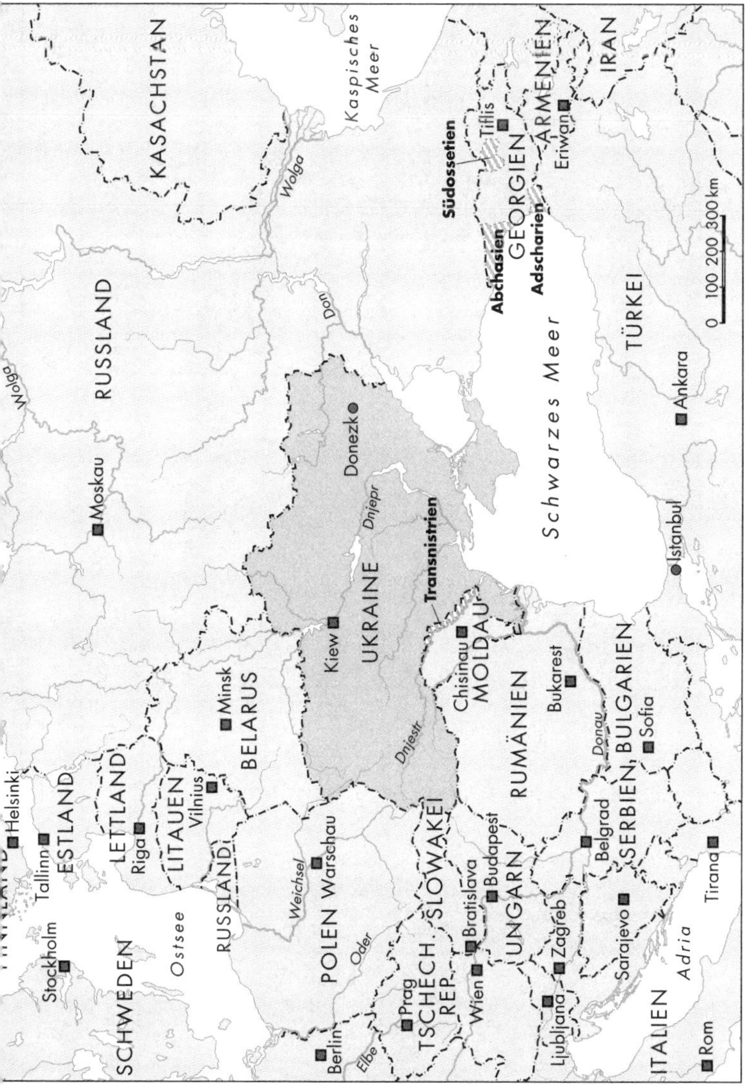

Die geographische Lage der Ukraine

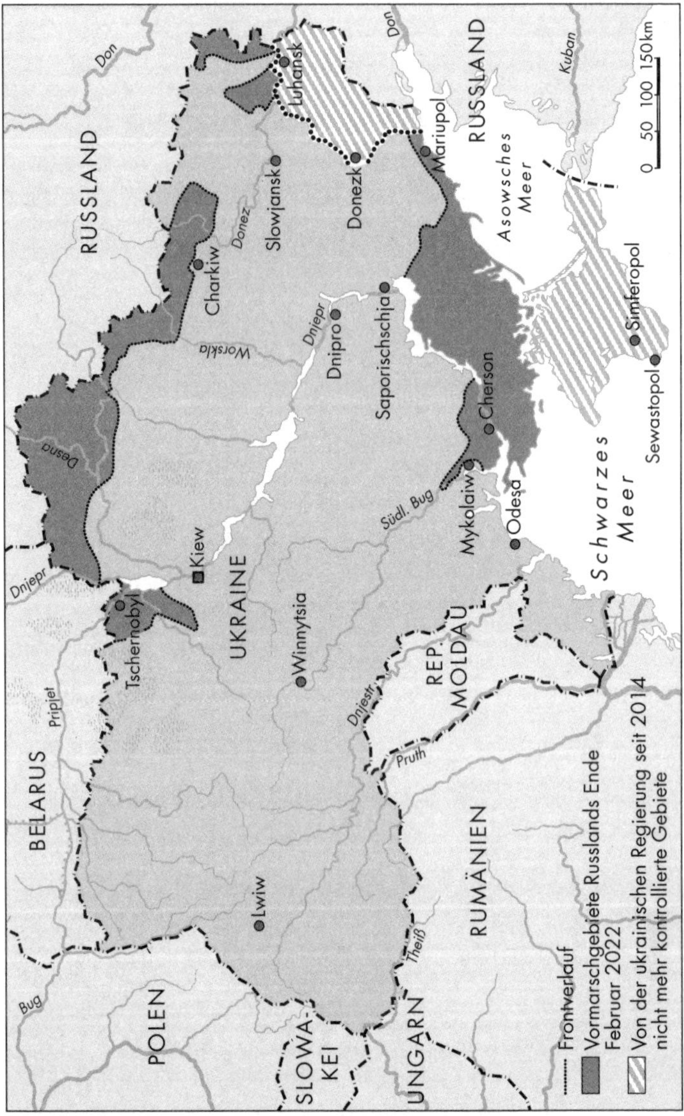

Frontverlauf Ende Februar 2022